道路运输车辆

综合性能检验

陈成法　主编

化学工业出版社

·北京·

本书主要介绍了车辆检测概述、汽车综合性能检验机构能力要求、道路运输车辆技术要求、道路运输车辆检验仪器设备、道路运输车辆检验方法以及道路运输车辆检验结果的判定与处理等内容。本书根据汽车综合性能检测机构的特点，在基础知识和基本要求、检测原理和检测方法、设备使用和设备维护等方面注重专业知识的前沿性和实用性，突出新标准和新技术，力求把传授知识和培养能力有机结合，着重检验员实际检验能力的培养。

　　本书可作为汽车综合性能检测机构相关岗位的培训教材，也可作为汽车检测与维修专业学生的专业教材和相关专业技术人员的参考书。

图书在版编目（CIP）数据

道路运输车辆综合性能检验/陈成法主编. —北京：化学工业出版社，2020.4
　　ISBN 978-7-122-36224-7

　　Ⅰ.①道… Ⅱ.①陈… Ⅲ.①道路车辆-性能检测-教材
Ⅳ.①U46

中国版本图书馆 CIP 数据核字（2020）第 028854 号

责任编辑：辛　田		文字编辑：冯国庆	
责任校对：宋　夏		装帧设计：王晓宇	

出版发行：化学工业出版社（北京市东城区青年湖南街 13 号　邮政编码 100011）
印　　刷：北京京华铭诚工贸有限公司
装　　订：三河市振勇印装有限公司
787mm×1092mm　1/16　印张 10　字数 239 千字　2020 年 4 月北京第 1 版第 1 次印刷

购书咨询：010-64518888　　　　售后服务：010-64518899
网　　址：http://www.cip.com.cn
凡购买本书，如有缺损质量问题，本社销售中心负责调换。

定　　价：**68.00 元**

前言

　　道路运输车辆的性能直接关系到道路运输的安全、生产运输的效率和公共环境的保护等。汽车综合性能检测是综合利用各种现代检测技术和检测设备，在汽车不解体或不完全解体的前提下，通过对汽车各项性能或技术状况进行检测，为判断、查明故障原因提供公正、科学依据的一种技术手段。汽车综合性能检测是车辆技术管理现代化的一个重要标志，在汽车二级维护竣工检测、车辆技术等级评定检测和汽车大修竣工质量（品质）检测等方面发挥了积极作用。

　　本书参考新法律法规、国家和行业标准编写，共分六章，具体内容包括车辆检测概述、汽车综合性能检验机构能力要求、道路运输车辆技术要求、道路运输车辆检验仪器设备、道路运输车辆检验方法以及道路运输车辆检验结果的判定与处理等。

　　本书根据汽车综合性能检测机构的特点，在基础知识和基本要求、检测原理和检测方法、设备使用和设备维护等方面注重专业知识的前沿性和实用性，突出新标准和新技术，力求把传授知识和培养能力有机结合，着重检验员实际检验能力的培养。

　　本书由陈成法任主编，白云川、李泽华任副主编，参加编写的还有李树珉、夏均忠、徐臻圆、苏丕利。编写过程中，参阅了许多专家、同行的教材、著作，引用了相关技术标准，在此一并表示衷心的感谢。

　　本书可作为汽车综合性能检测机构相关岗位的培训教材，也可作为汽车检测与维修专业学生的专业教材和相关专业技术人员的参考书。

　　由于笔者水平有限，书中不足之处在所难免，恳请读者提出宝贵意见，以便本书再版修订时参考。

编者

目录

第一章　概述

第一节　车辆检测发展

随着汽车工业的飞速发展，汽车检测已成为一门重要的学科，并在汽车制造、汽车使用、汽车维修和车辆管理部门获得广泛应用。通过检测，可以在不解体情况下判明汽车的技术状况，为汽车继续运行或维修提供可靠依据。

一、国外汽车检测概况

1. 国外汽车检测的发展历程

从汽车检测技术与设备的发展过程来看，国外大致经历了以下 4 个不同的发展阶段。

在 20 世纪 50 年代以前，国外就开发了以故障诊断和性能调试为主的单项检测技术和单项检测设备。60 年代初期就有美国的发动机分析仪、英国的发动机点火试验仪进入我国。这都是国外早期发展的汽车检测设备和仪器检查的第一个阶段，即检测、诊断设备是以机械结构为主，单机人工操作。虽然检测、诊断设备和仪器结构较简单，测试精度也不高，但已从过去的人工定性检查进化为设备、仪器的定量检测。从现场或路试发展为相关性台架的试验，不仅省时、省钱，而且在检测数据精度上也是一个质的飞跃。

随着科技进步，国外汽车检测设备在自动化、精确化和综合化等方面有了新的发展，应用新技术，开拓新的检测领域，研制出许多新型检测设备和仪器，进入检测技术发展的第二个阶段。20 世纪 60 年代，国外大量开发出应用电子、光学以及理化与机械相结合的光机电、理化机电一体化的检测、诊断设备，并与单板机、单片机或微型计算机相结合，使检测、诊断设备首先走向单机自动化。例如非接触式速度计、前照灯检测仪、车轮定位仪和尾气分析仪等。70 年代以后，随着计算机技术的发展，出现了汽车检测、诊断控制自动化，数据采集处理自动化，检测结果直接打印等功能的汽车性能检测仪和设备。

第三个阶段是汽车检测设备智能化，汽车检测线自动化、智能化和网络化阶段。随着电子计算机应用技术的发展，汽车检测设备向智能化方面发展，出现了一些具有智能化功能的检测设备，它们能对设备本身和汽车技术状况进行检测，并能判断出故障发生的部位，引导维修人员迅速排除故障，如四轮定位检测系统和电控发动机综合检测仪等。80 年代出现了集检测工艺、操作、数据采集和打印、存储与显示等功能于一体的系统软件，使汽车检测线实现了全自动化。这样不仅可以避免人为的判断错误，提高检测的精确性和检测速度，而且可以把受检车辆的技术状况储存在计算机中，既可作为车辆技术性能的档案资料备查，也可供处理交通事故时参考。

第四个阶段是车载自诊断系统及汽车故障诊断专家系统阶段。车载自诊断系统一般作为汽车结构的组成部分，利用安装在汽车内各个部位的传感器，将汽车的主要技术状况经常地、自动地向驾驶员显示。显示方式既有声光信号，也有数字和图形信号。美国凯迪拉克轿车系列，日本丰田、本田轿车系列等均已先后采用了车载自诊断系统。车载自诊断系统和汽车故障诊断专家系统的进一步发展，有更多的汽车性能参数在这些系统中被检测出来，甚至可能影响到目前广泛实行的汽车定期检查、审验制度的改变。

2. 国外汽车检测制度

（1）日本汽车检测制度

日本法律规定，普通轿车新车第一次车检是购车登记后三年，以后每两年车检一次，其中，卡车、客车、特种车辆需要每年进行车检。车检的费用，包括检查费、手续费、保险、车辆重量税以及更换零部件等费用，根据不同车种、车身自重、排量等，验车费用不同。一般在 8 万～18 万日元不等，相当于平均每年 2500～5000 元人民币。

日本有专门设置的检测场，但数量不多，验车的工作基本会授权给一些大型汽车用品店，甚至在比较小的地区还会授权一些加油站来代理完成。

（2）美国汽车检测制度

美国每个州的汽车年检政策都不一样。对于有年检要求的州来说，法律上会认为车主有义务来保障自己车辆安全，并使其他路上的车辆、行人得以在安全度上有所提升。

大部分州要求年检，比如得克萨斯州等。年检包括安全检查、尾气排放检测。安全检查有半年一次、一年一次、两年一次甚至终身一次之分，但尾气排放检查基本都是两年一次。也有的州不要求年检，比如阿拉斯加州等。

美国没有专门的检测机构，所有车辆年检工作基本交由拿到授权的车行或修理厂、加油站来完成，整个验车的过程也相对简单。除了基本的安全和排放检查外，检测还会针对车辆出现故障的零件告知车主并报价，一般在没有严重问题的情况下可以不用更换。

除了年检的步骤和要求外，年检的价格也是固定的，主要分为以下三档：质量超过 260001lb（1lb＝0.45kg）的卡车、乘车人数超过 15 人的车辆，验车费用 51 美元；家用车、房车 16 美元；摩托车 12 美元。

（3）欧洲汽车检测制度

欧洲很多国家的汽车检测制度依据 1996 年通过的欧盟交通立法执行，因此基本都是相同的，但在细节方面也略有差别。根据欧盟的法律，所有成员国都要定期对车辆进行年检。欧洲大多国家没有政府运营的检测机构，检测机构属于私营企业，车主可自行选择检测机构。但检测机构对车辆的年检政策执行是非常苛刻的，其中最为严谨的年检制度主要针对面包车（封闭货车）、卡车、拖车、出租车、救护车、教练车等，以上车型均为每年一次年检，年检内容主要包括车辆安全和尾气排放。

八座以内的家用车购置新车四年后进行第一次年检，随后每两年进行一次年检。另外，欧洲还有专门的老爷车牌照，这类车同样为两年一检。在年检后，车检部门会发放车检标识，与其他国家地区不同的是，欧洲的车检标志放置在车辆的牌照上，并且每年的标识颜色都不同，这样对于车辆的检查也就更容易。

（4）大洋洲汽车检测制度

根据澳大利亚联邦法律，澳大利亚汽车检测要在官方授权的汽车修理厂完成，大致情况与美国和欧洲有些相似，但年检细节比较宽松，主要围绕车辆安全来进行。对于卡车、大型客车或营运类车辆的检测项目则相对苛刻，甚至对轮胎的使用年限也有具体要求，以此来尽可能地避免因车辆自身问题所引发的交通事故。年检的时间间隔也同样宽松，一般新车在五年内不用年检。新西兰汽车检测细节同样宽松，但在时间间隔上则要频繁得多，对于非营运类车辆，采取新车第一次三年一检，而后就变成每年一检。验车的费用这两个国家差不多，折合人民币为 150～200 元。

二、我国汽车检测概况

1. 我国汽车检测的发展历程

我国汽车检测技术的研究和开发起步较晚。20 世纪 60 年代为了满足汽车维修的需要，当时由交通部主持进行了发动机气缸漏气量检测仪、点火正时灯等检测仪器的研究。70 年代，汽车不解体检测技术及设备被列为开发的应用项目。由交通部主持研制了汽车制动试验台、发动机综合检测仪和汽车性能综合检验台等。进入 80 年代，随着我国汽车工业和交通运输业发展迅猛，对汽车检测、诊断技术和设备的需求也与日俱增。我国汽车保有量迅速增加，汽车的运行安全性、经济性和排放污染已成为人们越来越重视的社会问题，于是汽车的安全、节能和环保逐渐提到政府有关部门的议事日程，因而促进了汽车检测与诊断技术的发展。与此同时，又相继研制了侧滑检验台、轴（轮）重仪、车速表试验台、前照灯检测仪和底盘测功机等。从 80 年代中期开始，我国也逐步开展了汽车安全性能计算机测控系统的研制开发。经过十几年的努力，汽车性能检测线在智能化方面有了长足的进展，在检测线上不仅配备诸如制动-轴重复合检验台、全自动光轴跟踪前照灯仪等智能化检测设备，而且液压举升技术、远红外遥控技术和超高亮度动态点阵显示屏幕等得到了广泛应用。同时在数据通信、信号传输、抗干扰能力及主机对监视器的控制显示方式、数据处理方式和车辆登录检索等方面都发展到了较高的水平。

汽车检测站是综合运用现代检测技术及设备对汽车进行不解体检测的场所。20 世纪 80 年代至 90 年代初期，汽车检测站所安装的检测线经历了手动线、半自动线和全自动计算机控制系统三个阶段。90 年代中期以后，计算机网络技术被逐步运用到汽车检测站中，各汽车检测站陆续安装了计算机测控和管理网络系统。该系统将检测登录系统、测控子系统和监控子系统联成一个局域网，用于实现汽车检测站的全自动检测、全自动管理和全自动财务结算等，这无疑可以大大提高汽车检测站的工作效率，降低劳动成本。

汽车综合性能检测是综合利用各种现代的检测技术和检测设备，在汽车不解体或不完全解体的前提下，通过对汽车各项性能或技术状况进行检测，为判断、查明故障原因提供公正、科学依据的一种技术手段。汽车综合性能检测是车辆技术管理现代化的一个重要标志，在汽车二级维护竣工检测、车辆技术等级评定检测和汽车大修竣工质量（品质）检测等方面发挥了积极作用。

"六五"期间，国家重点推广了汽车检测与诊断技术。"七五"期间，交通部又把"汽车检测、诊断设备在汽车维修生产中的应用"课题列为重点新技术推广项目，组织有关单位进行了研究和试点，经过两年的推广试验，首批推荐了部分国产检测、诊断设备及操作要点，车辆技术状况的诊断方法，汽油发动机故障诊断实例等。在单台检测设备研制成功的基础上，交通部从 1980 年开始有计划地在全国公路运输和车辆管理部门筹建汽车检测站,检测内容以汽车的安全性能检测为主。80年代初,交通部在大连市建立了国内第一个汽车检测站。从工艺上提出了将各种单台检测设备安装连线,构成功能齐全的汽车检测线,其检测纲领为"万辆次/年"。此后,交通部又先后要求10多个省、直辖市、自治区交通厅(局)筹建汽车检测站。1990年,交通部在《汽车运输业车辆技术管理规定》(13号部令)中提出要对在用汽车实施"定期检测、强制维护、视情修理"的新的汽车维修制度,明确交通行政主管部门要对汽车检测实施行业管理,其后,交通部又出台了《汽车维修行业发展规划》《道路运输车辆维护管理规定》《汽车综合性能检测检测站通用技术条件》《汽车维护、检测、诊断技术规范》等国家或行业标准及文件,建立了车辆定期检测制度并监督实施,促进了汽车综合性能检测站的建设和使用,规范了管理,促进了行业发展。

我国汽车检测技术经历了从无到有,从小到大,从简到繁,从引进技术、设备到自主研制开发推广应用,从单一性能检测到汽车安全性能检测再到汽车综合性能检测,取得了很大的发展和进步。尤其是检测设备的研制开发和生产得到了快速发展,缩小了与工业发达国家的差距。目前,汽车检测设备中通用的滚筒式制动试验台、侧滑检验台、轴(轮)重仪、车速表试验台和普通底盘测功机等,国内已自用有余,结构形式多样,企业竞争较为激烈。我国在汽车检测技术方面虽然已经取得了很大的进步,但与世界先进水平相比,还有一定差距。

目前我国的汽车检测已基本形成了制度化,检测站根据汽车运输管理部门制定的管理制度对车辆进行登录和性能检测。随着汽车检测技术和设备的发展,已实施了有关汽车检测的国家标准、行业标准和计量检定规程等。国家强制性标准《机动车运行安全技术条件》就是其中重要的标准之一,它是我国车辆管理和机动车安全性能检测最基本的标准。

2. 我国汽车检测技术发展现状

鉴于我国汽车检测行业发展的历史和现有的国情,我国的汽车检测主要分布在以下几个领域,分别隶属于不同的国家管理部门。

(1) 汽车安全技术检测

汽车安全技术检测的目的是在汽车不解体情况下建立安全监控体系,确保车辆具有符合要求的外观和良好的安全性能。

汽车安全技术检测是根据《中华人民共和国道路交通安全法》《中华人民共和国道路交通安全法实施条例》等法规以及《机动车安全技术检验项目和方法》(GB 21861—2014)、《机动车运行安全技术条件》(GB 7258—2017)等技术标准,定期检测与车辆安全有关的项目,以保证汽车安全行驶。检测合格的车辆可凭检测报告单办理年审签证,在有效期内准予车辆行驶。

汽车安全技术检测主要项目包括汽车制动、侧滑、车速表、灯光等项目。业务指导由公安部所属的交通警察部门负责。

(2) 汽车综合性能检测

汽车综合性能检测的目的是在汽车不解体情况下,对运行车辆确定其工作能力和技术状况,查明故障或隐患部位及原因,对维修车辆实行质量监督,建立质量监控体系,确保车辆具有良好的安全性、可靠性、动力性、经济性、排气净化性和降低噪声污染性,以创造更大的经济效益和社会效益。

汽车综合性能检测是根据《中华人民共和国道路运输条例》《道路运输车辆技术管理规

定》等法规以及《道路运输车辆综合性能和检验方法》（GB 18565—2016）等技术标准，对道路运输车辆进行的检测。目的是加强道路运输车辆技术管理，保持车辆技术状况良好，保障运输安全，发挥车辆效能，促进节能减排。

汽车综合性能技术检测项目除包含汽车安全技术检测的项目外，还包含汽车动力性能、悬架特性等检测项目。

汽车综合性能检测业务指导由交通运输部所属的运输管理部门负责。

（3）汽车排放检测

汽车排放检测是根据《中华人民共和国大气污染防治法》等法规以及《汽油车污染物排放限值及测量方法（双怠速法及简易工况法）》（GB 18285—2018）、《柴油车污染物排放限值及测量方法（自由加速法及加载减速法）》（GB 3847—2018）等技术标准，对在用机动车的排放污染物进行检测，以确定其是否达标。

汽车排放检测业务指导由生态环境部负责。

三、汽车检测的新趋势

1. 应用高新技术

我国目前的汽车检测设备在采用专家系统和智能化诊断方面与国外相比还存在较大差距，如四轮定位检测系统和电喷发动机综合检测仪等还主要依靠进口，今后要在汽车检测设备智能化方面加快发展速度。随着汽车工业的发展，传感器制造水平越来越高，测试精度和可靠性不断提高，从而促进了汽车检测和诊断设备的迅速发展。

2. 研制开发新的检测诊断设备与仪器

随着世界经济和社会的发展，汽车方面的标准和法规在不断地变化，对汽车的使用性能、检测参数及相应的检测方法也不断地更新和发展，比较典型的实例是汽车排放污染物的控制。随着世界各国对环保品质要求的提高，对汽车排放污染物的控制和检测方法也不断发展。目前随着 I/M（检测/维护）制度的推行，对汽油发动机汽车检测方法由怠速和双怠速，向模拟车辆行驶的简易工况过渡。随着柴油机在各国汽车中的比例不断增加，近年来已经发现，波许式或与波许式相类似的滤纸式烟度计的灵敏度不高，只能检测采样时间内排气烟度的平均值，烟度中的水分不能太大，不能检测蓝烟、白烟及油雾等缺陷。因此，国外研制了一种新型透光式烟度计，它可以长时间工作而不像滤纸式烟度计那样只能间断地取样测量，可以测量柴油车任何时刻的排气烟度，而不会造成由于取样烟气容积误差而引入的误差。

3. 向人工智能专家系统发展

为节省费用、场地和人员，汽车检测设备已开始从单机单功能向多功能的综合检测台发展。同时先进的传感器和计算机控制系统可在操作后，显示、打印和储存各种测试数据。汽车检测设备的综合化有利于汽车检测线的浓缩化。

今后汽车检测和诊断技术发展的重点应是增加和完善监控预测功能，将汽车的检测逐步扩展到系统状态的预测，并进一步发展到元件状态的预测，这样将能科学地决定汽车各总成以至整车的合理使用寿命，这对提高汽车运行的经济性和可靠性具有重要的意义。要实现这种预测技术，取决于一些关键技术的发展，如故障机理的解析技术，诊断参数信息的识别和传感技术，预测故障模式的建立及故障模式的精确度和通用性的实用水平，新的检测手段的开发和利用，高速微处理机及大容量廉价记忆装置的普及等。

4. 规范化和网络化

我国检测技术发展过程中，普遍重视硬件技术，忽略或是轻视了难度大、投入多和社会效益明显的检测方法及限值标准等基础性技术的研究。有些检测设备由于缺乏技术规范化，而使检测结果缺乏科学性和准确性。随着检测技术的发展，与硬件相配套的检测技术软件需要进一步完善。今后，我国应重点开展下述汽车检测技术基础研究：制定和完善汽车检测项目的检测方法和限值标准，如驱动轮输出功率、底盘传动系统的功率损耗、滑行距离、加速时间和距离、发动机燃料消耗率、悬架性能及可靠性等；制定汽车检测设备和仪器的技术条件、检定规程，建立定期鉴定和检查制度，保证设备完好；制定营运汽车技术状况检测评定细则，统一规范全国各地的检测要求、操作技术和检验方法；制定汽车检测中有关安全、节能和环保方面设备的形式认证规则，以保证汽车检测的公正性和准确性。

5. 制度化和标准化

国外在用车排放控制措施主要是通过在用车检查/维护制度来实现的，这一制度包括各车辆管理机构例行年检、车辆使用者定期检查和维护等，因国家和城市的情况不同而异。实践证明，有效的I/M制度是降低在用车排放污染非常经济且有效的手段。在美国，检测方法由怠速、双怠速测试向模拟车辆行驶的简易工况过渡，特殊地区和特殊车辆必须进行简易工况测试，测试频率一般为1年或2年1次。近些年来，我国汽车检测、诊断设备和技术的飞速发展，使维修制度逐渐发生了变化，现在，不解体检测的自动诊断技术在检测项目、测试精度、检测速度、检测工艺性、可靠性、可信度及设备的价格等方面，均已达到可以实际应用的水平。

6. 强化汽车检测在维修中应用的必然性

汽车维修和检测业是相互依存和相互促进的，检测为维修提供先导信息，而维修的需要又推动了检测业的发展，诊断是用检测诊断设备确定故障部位和原因的作业，是维修作业前的必要环节。

随着科学技术的进步，汽车检测设备在智能化、自动化、精密化及综合化方面都有新的发展，应用新技术开拓新的检测领域，研制新的检测设备。随着电子计算机技术的发展，出现了汽车检测诊断、控制自动化、数据采集自动化及检测结果直接打印等功能的现代综合性能检测技术和设备，使汽车检测线实现了全自动化。这样不仅可避免人为的判断错误，提高检测准确性；而且可以把受检汽车的技术状况储存在计算机中，既可作为下次检验参考，也可为处理交通事故提供参考。

第二节　车辆检测相关法规

以下汇总了与道路运输车辆综合性能检测相关的国家法律、行政法规、部门规章。

一、国家法律

《中华人民共和国产品质量法》
《中华人民共和国节约能源法》
《中华人民共和国道路交通安全法》

《中华人民共和国标准化法》
《中华人民共和国计量法》
《中华人民共和国大气污染防治法》

二、行政法规

《中华人民共和国道路运输条例》国务院 2004 年第 406 号令（2016 年修正）
《中华人民共和国认证认可条例》国务院 2003 年第 390 号令（2016 年修正）
《缺陷汽车产品召回管理条例》国务院 2012 年第 626 号令
《机动车交通事故责任强制保险条例》国务院 2012 年第 618 号令
《中华人民共和国道路交通安全法实施条例》国务院 2004 年第 405 号
《报废汽车回收管理办法》国务院 2001 年第 307 号令

三、部门规章

《道路旅客运输及客运站管理规定》交通运输部 2016 年第 82 号令（2016 年修正）
《道路运输车辆动态监督管理办法》交通运输部、公安部、安监总局 2016 年第 55 号令
《道路运输从业人员管理规定》交通运输部 2016 年第 52 号令
《机动车维修管理规定》交通运输部 2016 年第 37 号令
《道路危险货物运输管理规定》交通运输部 2016 年第 36 号令
《道路货物运输及站场管理规定》交通运输部 2016 年第 35 号令
《道路运输车辆技术管理规定》交通运输部 2016 年第 1 号令
《家用汽车产品修理、更换、退货责任规定》质量监督检验检疫总局 2012 年第 150 号令
《机动车强制报废标准规定》商务部、发改委、公安部、环境保护部 2012 年第 12 号令
《交通运输突发事件应急管理规定》交通运输部 2010 年第 9 号令
《机动车安全技术检验机构监督管理办法》质量监督检验检疫总局 2009 年第 121 号令
《道路运输车辆燃料消耗量检测和监督管理办法》交通运输部 2009 年第 11 号令
《实验室和检查机构资质认定管理办法》质量监督检验检疫总局 2006 年第 86 号令
《道路运输从业人员管理规定》交通部 2006 年第 9 号令
《机动车修理业报废机动车回收业治安管理办法》公安部 1999 年第 38 号令

1990 年，交通部颁布了《汽车运输业车辆技术管理规定》，施行后，对于加强道路运输车辆技术管理，保持车辆技术状况良好，促进道路运输安全及节能减排，保障道路运输业健康可持续发展发挥了重要作用。为加强道路运输车辆技术管理，保持车辆技术状况良好，交通运输部对《汽车运输业车辆技术管理规定》进行了修订，并于 2016 年重新颁布《道路运输车辆技术管理规定》，自 2016 年 3 月 1 日起实施。

《道路运输车辆技术管理规定》厘清了交通运输主管部门与经营者关于道路运输车辆技术管理的边界。一是明确道路运输经营者是车辆技术管理的责任主体，要求其根据车辆数量和经营类别合理地设置部门，配备人员，有效地实施车辆从择优选配、正确使用、周期维护、视情修理、定期检测和适时更新的全过程管理；二是机动车维修经营者作为车辆维护、修理的实施主体，为道路运输车辆的维护和修理提供服务保障；三是汽车综合性能检测机构

作为评价道路运输车辆技术状况的技术支撑单位，对检测评定的结果应当承担相应的法律责任。

《道路运输车辆技术管理规定》强化了车辆技术管理监管措施。首先，系统地强化了车辆基本技术条件。要求车辆技术状况符合国家标准《道路运输车辆综合性能要求和检验方法》（GB 18565），车辆技术等级达到《道路运输车辆技术等级划分和评定要求》（JT/T 198）规定的二级以上，新进入道路运输市场的车辆燃料消耗量应符合《营运客车燃料消耗量限值及测量方法》（JT 711）和《营运货车燃料消耗量限值及测量方法》（JT 719）行业标准要求。同时，强化了事中事后监管。要求道路运输管理机构按照职责权限对道路运输车辆的技术管理进行监督检查，并将运输车辆的技术管理情况纳入道路运输企业质量信誉考核和诚信管理体系。这就要求各级管理部门转变思维方式与管理方式，创造性地开展各项工作。

《道路运输车辆技术管理规定》创新了车辆技术管理相关制度措施。

一是创新了道路运输车辆维护制度。将过去的车辆维护周期由省级道路运输管理机构统一硬性规定，改为由经营者依据国家有关汽车维护标准、车辆维修手册、使用说明书等技术文件，结合车辆类别、车辆运行状况、行驶里程、道路条件、使用年限等因素，自行确定车辆维护周期，自觉组织实施维护。

二是创新了车辆技术管理监管方式。对二级维护竣工车辆，不再强制要求到汽车综合性能检测机构上线检测，而由具备维护竣工检验条件的经营者自行检验，并对检验合格者签发竣工出厂合格证；道路运输经营者不具备车辆二级维护作业能力的，可以委托二类以上机动车维修经营者进行车辆二级维护作业，机动车维修经营者完成二级维护作业后，应当向委托方出具车辆二级维护出厂合格证。组织实施车辆维护的道路运输经营者或汽车维修经营者须做好相应维护的记录。否则，要承担相应的法律责任。道路运输管理机构也不再要求道路运输经营者对二级维护车辆进行备案和签章，以减少车辆送检、办理备案签章手续的时间成本。

三是创新了车辆分类管理模式。将"两客一危"车辆列为管理重点。一方面加严了车辆综合性能检验周期和频次。客车、危险货物运输车自首次经国家机动车辆注册登记主管部门登记注册不满 60 个月的，每 12 个月进行 1 次检测和评定；超过 60 个月的，每 6 个月进行 1 次检测和评定。其他运输车辆自首次经国家机动车辆注册登记主管部门登记注册的，每 12 个月进行 1 次检测和评定。同时，明确了委托检测的原则。客车、危险货物运输车的综合性能检测应当委托车籍所在地汽车综合性能检测机构进行；驻地运输的普通货车则允许在经营地检测，道路运输管理机构对驻地汽车综合性能检测机构出具的车辆技术等级评定结论证明予以采信，作为配发道路运输证和年度审验的依据。另一方面，重新界定了危险货物车辆承修条件。运输剧毒化学品、爆炸品的专用车辆及罐式专用车辆（含罐式挂车），应当到具备道路危险货物运输车辆维修资质的企业进行维修；上述专用车辆的牵引车和其他运输危险货物的车辆由道路运输经营者消除危险货物的危害后，可以到具备普通车辆维修资质的企业进行维修。

第三节 车辆检测相关标准

以下简单汇总了与道路运输车辆综合性能检测相关的车辆检测方法标准、产品标准、计量标准以及引用的其他标准。

一、方法标准

《道路运输车辆综合性能要求和检验方法》（GB 18565—2016）

《汽车综合性能检验机构能力的通用要求》（GB/T 17993—2017）

《汽车检验机构计算机控制系统技术规范》（JT/T 478—2017）

《道路运输车辆技术等级划分和评定要求》（JT/T 198—2016）

《汽车维护、检测、诊断技术规范》（GB/T 18344—2016）

1. 动力性检验相关方法标准

《汽车最高车速试验方法》（GB/T 12544—2012）

《汽车动力性台架试验方法和评价指标》（GB/T 18276—2000）

2. 燃料经济性检验相关方法标准

《道路运输车辆燃料消耗量检测评价方法》（GB/T 18566—2011）

《轻型汽车燃料消耗量试验方法》（GB/T 19233—2008）

《乘用车燃料消耗量限值》（GB 19578—2014）

《轻型商用车辆燃料消耗量限值》（GB 20997—2015）

《营运客车燃料消耗量限值及测量方法》（JT 711—2016）

《营运货车燃料消耗量限值及测量方法》（JT 719—2016）

3. 制动性检验相关方法标准

《商用车辆和挂车制动系统技术要求及试验方法》（GB 12676—2014）

《乘用车制动系统技术要求及试验方法》（GB 21670—2008）

4. 排放性检验相关方法标准

《汽油车污染物排放限值及测量方法（双怠速法及简易工况法）》（GB 18285—2018）

《柴油车污染物排放限值及测量方法（自由加速法及加载减速法）》（GB 3847—2018）

5. 操纵稳定性检验相关方法标准

《汽车静侧翻稳定性台架试验方法》（GB/T 14172—2009）

《乘用车悬架特性检测和评定方法》（JT/T 497—2004）

《营运车辆抗侧翻稳定性试验方法　稳态圆周试验》（JT/T 884—2014）

6. 其他检验相关方法标准

《汽车、挂车及汽车列车外廓尺寸、轴荷及质量限值》（GB 1589—2016）

《机动车运行安全技术条件》（GB 7258—2017）

《道路运输危险货物车辆标志》（GB 13392—2005）

《道路运输爆炸品和剧毒化学品车辆安全技术条件》（GB 20300—2006）

《道路运输液体危险货物罐式车辆　第 1 部分：金属常压罐体技术要求》（GB 18564.1—2006）

《道路运输液体危险货物罐式车辆　第 2 部分：非金属常压罐体技术要求》（GB 18564.2—2008）

二、产品标准

1. 动力性检验相关设备标准

《汽车底盘测功机》（JT/T 445—2008）

2. 燃料经济性检验相关设备标准

《碳平衡法汽车燃料消耗量检测仪》（JT/T 1013—2015）

3. 制动性检验相关设备标准

《滚筒反力式汽车制动检验台》（GB/T 13564—2005）
《平板式制动检验台》（GB/T 28529—2012）
《便携式制动性能测试仪》（GB/T 28945—2012）
《多功能制动性能检验台技术条件》（JT/T 649—2006）

4. 排放性检验相关设备标准

《机动车排气分析仪》（JT/T 386—2017）
《不透光烟度计》（JT/T 506—2004）
《汽油车双怠速法排气污染物测量设备技术要求》（HJ/T 289—2006）
《汽油车简易瞬态工况法排气污染物测量设备技术要求》（HJ/T 290—2006）
《汽油车稳态工况法排气污染物测量设备技术要求》（HJ/T 291—2006）
《柴油车加载减速工况法排气烟度测量设备技术要求》（HJ/T 292—2006）
《压燃式发动机汽车自由加速法排气烟度测量设备技术要求》（HJ/T 395—2007）
《点燃式发动机汽车瞬态工况法排气污染物测量设备技术要求》（HJ/T 396—2007）

5. 操控稳定性检验相关设备标准

《汽车转向盘转向力-转向角检测仪》（GB/T 34592—2017）
《汽车悬架装置检测台》（JT/T 448—2001）
《汽车侧滑检验台》（JT/T 507—2004）
《汽车悬架转向系间隙检查仪》（JT/T 633—2005）
《汽车前轮转向角检验台》（JT/T 634—2005）

6. 其他检验相关设备标准

《滚筒式汽车车速表检验台》（GB/T 13563—2007）
《移动式摩托车安全技术检测线》（GB/T 28946—2012）
《机动车前照灯检测仪》（JT/T 508—2015）
《汽车故障电脑诊断仪》（JT/T 632—2005）
《车辆外廓尺寸检测仪》（JT/T 1012—2015）

三、计量标准

《机动车前照灯检测仪检定规程》（JJG 745—2016）
《机动车检测专用轴（轮）重仪检定规程》（JJG 1014—2006）

《滚筒反力式制动检验台检定规程》（JJG 906—2015）

《滑板式汽车侧滑检验台检定规程》（JJG 908—2009）

《滚筒式汽车车速表检验台检定规程》（JJG 909—2009）

《平板式制动检验台检定规程》（JJG 1020—2017）

《汽车制动操纵力计校准规范》（JJF 1169—2007）

《声级计检定规程》（JJG 188—2017）

《摩托车轮偏检测仪》（JJG 910—2012）

《机动车方向盘转向力-转向角检测仪校准规范》（JJF 1196—2008）

《便携式制动性能测试仪校准规范》（JJF 1168—2007）

《非接触式汽车速度计校准规范》（JJF 1193—2008）

《标准测力仪检定规程》（JJG 144—2007）

《汽车用透光率计校准规范》（JJF 1225—2009）

《机动车驻车制动性能测试装置校准规范》（JJF 1671—2017）

《滤纸式烟度计检定规程》（JJG 847—2011）

《透射式烟度计检定规程》（JJG 976—2010）

《汽车排放气体测试仪检定规程》（JJG 688—2017）

《汽车排气污染物检测用底盘测功机校准规范》（JJF 1221—2009）

《汽油车稳态加载污染物排放检测系统校准规范》（JJF 1227—2009）

《汽车转向角检验台校准规范》（JJF 1141—2006）

《测功装置》（JJG 653—2003）

《车轮动平衡机校准规范》（JJF 1151—2006）

《四轮定位仪校准规范》（JJF 1154—2006）

《汽车悬架装置检测台校准规范》（JJF 1192—2008）

《四活塞联动式油耗仪检定规程》（JJG 009—1996）

《汽车发动机曲轴箱窜气量测量仪检定规程》（JJG 012—2005）

《汽车发动机检测仪检定规程》（JJG 013—2005）

《碳平衡法汽车燃料消耗量检测仪检定规程》（JJG 127—2015）

四、引用的其他标准

《塑料　燃烧性能的测定　水平法和垂直法》（GB/T 2408）

《汽车内饰材料的燃烧特性》（GB 8410）

《客车座椅及其车辆固定件的强度》（GB 13057）

《机动车和挂车防抱制动性能和试验方法》（GB/T 13594）

《机动车乘员用安全带、约束系统、儿童约束系统和 ISOFIX 儿童约束系统》（GB 14166）

《汽车安全带安装固定点、ISOFIX 固定点系统及上拉带固定点》（GB 14167）

《客车上部结构强度要求及试验方法》（GB 17578）

《道路运输车辆燃料消耗量检测评价方法》（GB/T 18566）

《汽车行驶记录仪》（GB/T 19056）

《乘用车燃料消耗量限值》（GB 19578）

《轻型商用车辆燃料消耗量限值》（GB 20997）

《危险货物运输车辆结构要求》（GB 21668）

《车辆车速限制系统技术要求》（GB/T 24545）

《商用车驾驶室乘员保护》（GB 26512）

《汽车列车性能要求及试验方法》（GB/T 26778）

《营运客车类型划分及等级评定》（JT/T 325）

《道路甩挂运输车辆技术条件》（JT/T 789）

《道路运输车辆卫星定位系统　车载终端技术要求》（JT/T 794）

《汽车用薄壁绝缘低压电线》（QC/T 730）

《汽车电线束技术条件》（QC/T 29106）

第二章 汽车综合性能检验机构能力要求

《汽车综合性能检验机构能力的通用要求》（GB/T 17993—2017）规定了汽车综合性能检验机构的服务功能、管理要求、技术能力要求以及场地和设施要求，适用于汽车综合性能检验机构的建设、运行管理、能力认定和监督管理。

《检验检测机构资质认定能力评价　检验检测机构通用要求》（RB/T 214—2017）给检验检测机构的定义是，依法成立，依据相关标准或者技术规范，利用仪器设备、环境设施等技术条件和专业技能，对产品或者法律法规规定的特定对象进行检验检测的专业技术组织。《汽车综合性能检验机构能力的通用要求》（GB/T 17993—2017）规定的汽车综合性能检验机构是按照规定的程序和方法，对汽车综合性能进行检验、评价并提供检验数据或报告的技术服务机构。汽车综合性能是指汽车动力性、安全性、燃料经济性、使用可靠性、污染物排放和噪声，以及整车装备完整性与状态等多种技术性能的组合。

汽车综合性能检验机构接受委托，对道路运输车辆技术状况及性能进行检验和评定；接受委托，对车辆维修竣工质量进行检验；接受委托，对车辆改装、改造、技术评估以及相关新技术、科研鉴定等项目进行检验；接受交通、公安、环保、商检、质检、保险、司法等部门和机构的委托，依据相关标准对车辆进行规定项目的检验与核查。

根据《检验检测机构资质认定能力评价　检验检测机构通用要求》（RB/T 214—2017）规定，检验检测机构在中华人民共和国境内从事向社会出具具有证明作用数据和结果的检验检测活动应取得资质认定。检验检测机构资质认定是一项确保检验检测数据和结果的真实、客观、准确的行政许可制度。

第一节　汽车综合性能检验机构的管理要求

一、组织

汽车综合性能检验机构应有明确的法律地位，不具备法人资格的汽车综合性能检验机构应经所在法人单位授权。

汽车综合性能检验机构应建立完善的组织机构，应有与从事检验活动相适应的管理人员和专业技术人员，应设置有机构负责人、技术负责人、质量负责人、授权签字人、网络管理员、仪器设备管理员、档案管理员，以及引车员、外观检验员、底盘检验员、尾气检验员、登录员等检验人员岗位。

二、管理体系

汽车综合性能检验机构应建立与其承担的检验工作相适应的管理体系，并持续保证其公正性和独立性。管理体系文件应符合计量认证的相关规定。

管理体系文件有内部文件和外来文件：内部文件至少应包括质量手册、程序文件、作业指导书以及相关的制度、守则、服务公约等；外来文件应包括相关的法律、法规、规章、标准和规范等。

三、文件控制

汽车综合性能检验机构应建立并保持管理体系文件编制、审核、批准、标识、发放、保管、修订和废止等控制程序，管理体系文件应由汽车综合性能检验机构最高管理者批准后使用，并通过适当的标识确保其现行有效。

管理体系文件应传达至有关人员，并被其获取、理解和执行。管理体系文件的修改、变更应经过最高管理者的批准，并确保所有已发放使用的受控文件被替换。管理体系文件应存档，并规定不同文件的保存期限。

四、服务

汽车综合性能检验机构应通过适当的方式，公示检验标准、检验项目或参数、收费标准、检验流程、服务承诺、投诉监督方式以及检验人员照片、岗位职责等信息。

汽车综合性能检验机构出具的检验报告应采用规范的格式。

汽车综合性能检验机构应征求客户意见，持续改进服务质量。

五、申诉和投诉

汽车综合性能检验机构应制定处理申诉和投诉的程序文件，并有效实施。申诉和投诉处理程序应包括责任部门、处理程序、受理范围、受理期限和责任等内容。

六、纠正措施、预防措施及改进

汽车综合性能检验机构应制定纠正和预防事故和差错的程序文件，并有效实施。程序文件应包括责任部门、责任人、处理程序、纠正和预防措施、不良后果挽回和客户损失补偿以及处理结果跟踪。

七、记录、报告

汽车综合性能检验机构应制定记录和报告的程序文件，包括管理记录、技术记录和结果报告等。管理记录应包括来自内部质量管理的过程记录等；技术记录和结果报告应包括检验过程记录、检验报告、检验结果统计和分析报告等。

记录和报告应符合相关法律、法规、规章和标准的要求，包含的信息齐全准确，使用的文字、符号、计量单位、结论用语规范，并由相关人员签字确认。记录和报告应以便于存取的方式保存在安全的环境中，检验记录、报告的保存期限不少于 2 年，其他记录的保存期限为 6 年。

八、内部审核和管理评审

汽车综合性能检验机构应制定程序文件，并定期对管理体系运行进行内部审核和管理评审，保证管理体系有效运行，并持续改进。

汽车综合性能检验机构应定期对检验工作进行内部审核和管理评审，内部审核每年1次，管理评审12个月1次，内部审核和管理评审应覆盖管理体系的全部要素和所有活动。

第二节 汽车综合性能检验 机构的技术能力要求

一、人员

1. 基本要求

汽车综合性能检验机构应有机构负责人、技术负责人、质量负责人、授权签字人以及各岗位检验人员。技术负责人与质量负责人不应相互兼任。

汽车综合性能检验机构应建立人员培训制度，并有效实施。汽车综合性能检验机构的从业人员应通过专业培训，并在考试合格后，方可上岗。

检验员数量应满足：1条检测线不少于8人，每增加1条检测线，增加人员数不少于4人。

2. 机构负责人

汽车综合性能检验机构机构负责人应熟悉国家、行业、地方有关汽车检验的法律、法规、规章和标准，熟悉汽车检验业务，具备经营管理能力。

3. 技术负责人

汽车综合性能检验机构技术负责人应具有理工科类专业的大专（含）以上学历、中级（含）以上专业技术职称或职业水平（含技师）或同等能力。同等能力可视为具有"博士研究生毕业，从事相关专业检验检测工作1年及以上；硕士研究生毕业，从事相关专业检验检测工作3年及以上；大学本科毕业，从事相关专业检验检测工作5年及以上；大学专科毕业，从事相关专业检验检测工作8年及以上"，以下同。

技术负责人应掌握汽车理论和汽车构造知识，有3年以上的汽车维修或检测工作经历；掌握国家、行业、地方的汽车维修和检测的法律、法规、规章及相关标准；掌握汽车检测设备的性能，具有检测设备计量检定、校准知识以及分析测量误差的能力。

4. 质量负责人

汽车综合性能检验机构质量负责人应具有大专（含）以上学历、中级（含）以上专业技术职称或职业水平（含技师）或同等能力；掌握汽车理论和汽车构造知识，有3年以上的汽车维修或检测工作经历；掌握国家、行业、地方的汽车维修检测法律、法规、规章及相关标准；掌握质量管理体系和检验检测机构资质认定的要求。

5. 授权签字人

汽车综合性能检验机构授权签字人应具备上述技术负责人和质量负责人规定的资格条件；熟悉报告审核签发程序，经考核合格。

6. 网络管理员

汽车综合性能检验机构网络管理员应具有中专（含技校）以上学历，经过计算机相关专业培训；了解汽车检测标准，熟悉计算机控制系统及网络维护要求。

7. 仪器设备管理员

汽车综合性能检验机构仪器设备管理员应具有理工类专业中专（含技校）以上学历；了解汽车构造和原理；掌握检测仪器设备的结构、原理、性能和使用方法，具备仪器设备计量检定和管理知识，能对检测仪器设备进行维护和校准。

8. 档案管理员

汽车综合性能检验机构档案管理员应具有高中（含技校）以上学历，熟悉档案管理、保密法规和汽车综合性能检验机构管理工作程序；熟悉汽车综合性能检验机构管理体系文件及其运行记录和报告等资料的管理。

9. 检验员

汽车综合性能检验机构检验员应具有高中（含技校）以上学历，了解汽车的构造和原理；了解所在工位仪器及设备的构造、原理、性能和使用方法；掌握检测标准，熟练掌握检测操作规程，能进行数据处理工作；熟悉汽车综合性能检测工艺流程，具有计算机操作的基本知识。

引车员还应持有与承检车型相适应的有效机动车驾驶证，具有 3 年以上驾驶经历；外观检验员、底盘检验员和尾气检验员还应具备汽车维修或检测工作 1 年以上经历，熟练掌握检测标准所规定的检验项目及方法，并具备正确评判的能力；登录员还应具备熟练操作和使用计算机的能力。

二、检验项目或参数

汽车综合性能检验机构应具备表 2-1～表 2-13 规定的检验项目或参数的能力。

表 2-1　唯一性认定能力

序号	项目或参数	检验方式	仪器设备及技术要求				计算机控制方式
			名称	测量范围	分辨力	准确度等级或允许误差	
1	号牌号码、车辆类型、品牌型号、车身颜色、发动机号、VIN号、挂车架号	人工检验及测量	—	—	—	—	人工录入
2	外廓尺寸①		钢卷尺或激光测距仪	与承检车型相适应	1mm	Ⅱ级	人工录入
			汽车外廓尺寸检测仪		分度值1mm	符合 JT/T 1012 的规定	联网

续表

序号	项目或参数	检验方式	仪器设备及技术要求				计算机控制方式
			名称	测量范围	分辨力	准确度等级或允许误差	
3	货车车厢栏板高度	人工检验及测量	钢卷尺	与承检车型相适应	1mm	Ⅱ级	人工录入
			汽车外廓尺寸检测仪		分度值1mm	符合JT/T 1012的规定	联网
4	客车座(铺)位数		—	—	—	—	人工录入

①外廓尺寸:汽车外廓尺寸检测仪、钢卷尺、激光测距仪任选其一。

表 2-2　故障信息诊断能力

序号	项目或参数	检验方式	仪器设备及技术要求				计算机控制方式
			名称	测量范围	分辨力	准确度等级或允许误差	
1	发动机排放控制系统	仪器诊断	汽车故障电脑诊断仪	通用型,具有 OBD 功能符合 JT/T 632 的规定			人工录入
2	制动防抱死装置(ABS)						
3	电动助力转向系统(EPS)						
4	其他与行车安全相关的故障信息						

表 2-3　系统、总成及装置技术状况检验能力

序号	项目或参数		检验方式	仪器设备及技术要求				计算机控制方式
				名称	测量范围	分辨力	准确度等级或允许误差	
1	发动机	工作性能:启动性能、柴油发动机停机装置、低/中/高速运转	人工检验	—	—	—	—	人工录入
		密封性						
		传动带:助力转向传动带、空气压缩机传动带/齿轮箱						
		燃料供给:燃料管路、燃料箱						
2	制动系统	行车制动:制动管路、制动泵(缸)气(油)路、制动报警装置、缓速器、弹簧储能装置、储气筒、制动踏板	人工检验	—	—	—	—	人工录入
		驻车制动						
3	转向系统	部件连接	人工检验	汽车悬架转向系统间隙检查仪	符合 JT/T 633 的规定			人工录入
		部件技术状况						
		转向助力装置		—	—	—	—	

续表

序号	项目或参数			检验方式	仪器设备及技术要求				计算机控制方式
					名称	测量范围	分辨力	准确度等级或允许误差	
4	行驶系统		车架	人工检验及测量	—	—	—	—	人工录入
			车桥						
			拉杆和导杆						
			车轮及螺栓、螺母		检验锤	—	—	—	
		轮胎	轮胎胎面状况		钢直尺	0～300mm	1mm	Ⅱ级	
			轮胎胎冠花纹深度		轮胎花纹深度尺	0～30mm	0.1mm	2级或±0.02mm	
			同轴轮胎规格和花纹、轮胎速度级别		—	—	—	—	
			轮胎气压		轮胎气压表	0～1000kPa	10kPa	2.5级或±2%	
			翻新轮胎的使用、轮胎类型、备用轮胎		—	—	—	—	
		悬架	悬架弹性元件		检验锤	—	—	—	
			悬架部件连接						
			减振器		—	—	—	—	
5	传动系统		离合器	人工检验	—	—	—	—	人工录入
			变速器						
			传动件异响						
			万向节与轴承						
6	照明、信号装置和标识		外部照明和信号装置	人工检验	—	—	—	—	人工录入
			前照灯远、近光光束变换						
			反射器与侧标志灯						
			货车车身反光标识和尾部标志板						
7	电气线路与仪表		导线	人工检验	—	—	—	—	人工录入
			仪表与指示器						
			卫星定位系统车载终端						
			胎压监测报警系统						

续表

序号	项目或参数			检验方式	仪器设备及技术要求				计算机控制方式
					名称	测量范围	分辨力	准确度等级或允许误差	
8	车身	门窗及照明	车门应急控制器、应急门和安全顶窗、应急窗开启、玻璃破碎装置或安全手锤、门窗玻璃、客车车厢灯和门灯	人工检验及测量	—	—	—	—	人工录入
		车身外观	车身与驾驶室、车身外部和内部不尖锐凸起物、表面涂装、货车货箱、车门、栏板和底板、驾驶室车窗玻璃		—	—	—	—	
			对称部位高度差		钢卷尺	0～3000mm	1mm	Ⅱ级	
9	附属设备	后视镜和下视镜		人工检验	—	—	—	—	人工录入
		风窗刮水器、洗涤器							
		防眩目装置							
		除雾、除霜装置							
		排气管和消声器							
10	安全防护	安全带		人工检验		—			人工录入
		侧面防护装置							
		后部防护装置							
		保险杠							
		牵引装置和安全锁止机构							
		安全架与隔离装置							
		灭火器材、警示牌、停车楔							
		危险货物运输车辆安全装置与标志	灭火器材、排气管、隔热和熄灭火星装置	人工检验		—			人工录入
			切断总电源和隔离电火花装置						
			导静电拖地带						
			标志及标识						
			罐体有效检验合格证明或报告						
			气瓶、可移动罐（槽）车辆的紧固装置						

表 2-4 动力性检验能力

项目或参数	检验方式	仪器设备及技术要求				计算机控制方式
		名称	测量范围	分辨力	准确度等级或允许误差	
驱动轮轮边稳定车速	台架检验	底盘测功机①	符合 JT/T 445 和 JJG 653 的规定			联网
		大气压计	80~106kPa	0.1kPa	符合气象仪表要求	联网
		温度计	−30~100℃	1℃		
		湿度计	0~100%	2%		

①检验并装双驱车辆采用三轴六滚筒式底盘测功机。

表 2-5 燃料经济性检验能力

项目或参数	检验方式	仪器设备及技术要求				计算机控制方式
		名称	测量范围	分辨力	准确度等级或允许误差	
等速百公里燃料消耗量	台架检验	碳平衡油耗仪	符合 JT/T 1013 和 JJG(交通)127 的规定			联网
		底盘测功机①	符合 JT/T 445 和 JJG 653 的规定			

①检验并装双驱车辆采用三轴六滚筒结构；可与其他工位的底盘测功机共享。

表 2-6 制动性能检验能力

序号	项目或参数	检验方式	仪器设备及技术要求				计算机控制方式
			名称	测量范围	分辨力	准确度等级或允许误差	
1	轮(轴)重量	台架检验	轴(轮)重仪①	符合 JJG 1014 的规定			联网
2	制动力(率)		(1)滚筒反力式制动检验台或平板式制动检验台② (2)制动踏板力计	滚筒反力式制动检验台符合 GB/T 13564 和 JJG 906 的规定 平板式制动检验台符合 GB/T 28529 和 JJG 1020 的规定			
3	制动不平衡力(率)						
4	驻车制动力(率)						
5	制动特性曲线						
6	列车制动时序		(1)汽车列车制动性能检验台③ (2)制动踏板开关	符合 JJG 1020 的规定,具备表 A.6 序号 1~4 的检验能力			人工录入或联网
7	列车制动协调时间						
8	列车制动力分配						
9	制动特性曲线						

续表

序号	项目或参数	检验方式	仪器设备及技术要求				计算机控制方式
			名称	测量范围	分辨力	准确度等级或允许误差	
10	制动距离	道路试验	非接触式速度计④	符合 JJF 1193 的规定			人工录入
11	制动减速度（MFDD）		便携式制动性能检测仪④	符合 GB/T 28945 和 JJF 1168 的规定			
			非接触式速度计④	符合 JJF 1193 的规定			
12	制动稳定性		试车道路	符合《汽车综合性能检验机构能力的通用要求》（GB/T 17993—2017）中7.4.2 的规定			
13	驻车制动		标准坡道⑤	符合《汽车综合性能检验机构能力的通用要求》（GB/T 17993—2017）中7.4.3 的规定			
			专用检测设备⑤	—			

①检验多轴及并装轴车辆分别配备独立式轮重仪和复合式轴重仪。

②检验多轴及并装轴车辆的滚筒反力式制动检验台，其副滚筒上母线的安装高度应符合 GB 18565 的规定。

③检验汽车列车需配备汽车列车制动性能检验台，过渡期执行 GB 18565 的规定。

④ 非接触式速度计和便携式制动性能检测仪，两者可任选其一。

⑤标准坡道和驻车制动专用检测设备，两者可任选其一。

表 2-7　排气污染物检验能力

序号	项目或参数		检验方式	仪器设备及技术要求				计算机控制方式
				名称	测量范围	分辨力	准确度等级或允许误差	
1	点燃式发动机	双怠速工况法（CO、HC、λ）	仪器检验	排气分析仪	符合 JT/T 386、HJ/T 289 和 JJG 688 的规定			联网
		稳态工况法（CO、HC、NOₓ）	台架检验	汽油车稳态加载污染物排放检测系统	符合 HJ/T 291、JJF 1227 的规定			
		简易瞬态工况法（CO、HC、NOₓ）	台架检验	汽油车简易瞬态工况法排气污染物检测系统	符合 HJ/T 290、JJF 1385、JJF 1221 的规定			
		瞬态工况法（CO、HC、NOₓ）	台架检验	点燃式发动机汽车瞬态工况法排气污染物检测系统	符合 HJ/T 396、JJG 688、JJF 1221 的规定			
2	压燃式发动机	自由加速法（光吸收系数）	仪器检验	压燃式发动机汽车自由加速法排气烟度检测系统	符合 JT/T 506、HJ/T 395、JJG 847 和 JJG 976 的规定			
		加载减速法（光吸收系数）	台架检验	柴油车加载减速工况法排气烟度检测系统	符合 JT/T 506、HJ/T 292、JJF 1221 的规定			

注：1. 根据各行政区域规定的检测方法配备相应的排气污染物检测设备，最低配备双怠速工况法和自由加速法所要求的排气污染物检测设备。

2. 排气污染物检测系统中的底盘测功机可与其他工位的底盘测功机共享。

表 2-8 转向操纵性检验能力

序号	项目或参数	检验方式	仪器设备及技术要求				计算机控制方式
			名称	测量范围	分辨力	准确度等级或允许误差	
1	转向轮横向侧滑量	台架检验	侧滑检验台	符合 JT/T 507 和 JJG 908 的规定			联网
2	转向盘自由转动量	人工辅以仪器检验	转向盘转动力/角测量仪	符合 JJF 1196 的规定			人工录入或联网

注：检验双转向轴的车辆采用具有双转向桥检验功能的侧滑检验台。

表 2-9 悬架特性检验能力

序号	项目或参数	检验方式	仪器设备及技术要求				计算机控制方式
			名称	测量范围	分辨力	准确度等级或允许误差	
1	吸收率	台架检验	汽车悬架装置检测台	符合 JT/T 448、JJF 1192 的规定			联网
2	左、右轮吸收率差						

注：检验设计车速不小于 100km/h，轴质量不大于 1500kg 的载客汽车需配备。

表 2-10 前照灯性能检验能力

序号	项目或参数	检验方式	仪器设备及技术要求				计算机控制方式
			名称	测量范围	分辨力	准确度等级或允许误差	
1	前照灯基准中心高度	仪器检验	机动车前照灯检测仪	符合 JT/T 508 和 JJG 745 的规定			联网
2	远光发光强度						
3	远光光束中心垂直方向上、下偏角（或偏距）						
4	远光光束中心水平方向左、右偏角（或偏距）						
5	近光光束明暗截止线转角或中心垂直方向上、下偏角（或偏距）						
6	近光光束明暗截止线转角或中心水平方向左、右偏角（或偏距）						

注：配备自动式前照灯检测仪。

表 2-11 车速表示值误差检验能力

项目或参数	检验方式	仪器设备及技术要求				计算机控制方式
		名称	测量范围	分辨力	准确度等级或允许误差	
车速表示值误差	台架检验	汽车车速表检验台或汽车底盘测功机	汽车车速表检验台符合 GB/T 13563 和 JJG 909 的规定,汽车底盘测功机符合 JT/T 445 和 JJG 653 的规定			联网

注:采用汽车底盘测功机检验时,可与其他工位的底盘测功机共享。

表 2-12 车轮阻滞力(率)检验能力

项目或参数	检验方式	仪器设备及技术要求				计算机控制方式
		名称	测量范围	分辨力	准确度等级或允许误差	
车轮阻滞力(率)	台架检验	滚筒反力式制动检验台	符合 GB/T 13564 和 JJG 906 的规定			联网

表 2-13 喇叭声压级检验能力

项目或参数	检验方式	仪器设备及技术要求				计算机控制方式
		名称	测量范围	分辨力	准确度等级或允许误差	
喇叭声压级	仪器检验	声级计	符合 GB/T 3785.1、GB/T 3785.2、JJG 188 的规定			联网

三、检验仪器设备

汽车综合性能检验机构应配备与承检车型、检验项目或参数相适应的检验仪器设备。仪器设备的配置及要求见表 2-1~表 2-13。

汽车综合性能检验机构配备的检验仪器设备应符合相关标准要求,并按法定的周期进行计量检定或校准,且在有效期内使用。

检测线内以及部分检测线外的仪器设备应具备计算机联网检验功能,并实现自动检验。应具备计算机联网检验功能的仪器设备见表 2-1~表 2-13。

检测线内设备的承载质量和检测范围应与承检车辆相适应:总质量大于 3.5t 的车辆,制动性能和动力性能的检验应分别采用 10t 级(或 13t 级)的滚筒反力式制动检验台和 10t 级(或 13t 级)底盘测功机,其他工位的相关设备应采用 10t 级(含)以上;总质量小于等于 3.5t 的车辆,动力性能的检验应采用 3t 级(或 10t 级)底盘测功机,其他工位的相关设备应采用 3t 级(含)以上。

四、计算机控制系统

控制系统应具有车辆信息登录、调度、数据采集及处理、传输与保存、报告生成、信息数据查询与统计等功能。

控制系统应具有承检车型及其发动机的数据库。

控制系统不应改变联网检验仪器设备的结构、原理、分辨力、测量结果有效位数和检验数据，检验参数的采集、处理、判定以及数据修约应符合相关规定。

控制系统应具有人工检验项目和未能联网的仪器设备的检验结果录入功能。

控制系统应设置检验标准、系统参数的访问权限，并生成操作日志。

控制系统应能实现信息共享，并能实时、准确传输车辆检验的相关数据和信息。

控制系统应具有异常检测数据报警功能。

控制系统的其他要求应符合 JT/T 478 的相关规定。

第三节　汽车综合性能检验机构的场地和设施要求

一、基本要求

汽车综合性能检验机构应合理规划和设置检测车间（含外检）、检测线、检测工位、停车场、试车道路和业务厅等设施，并与检验能力相适应。

汽车综合性能检验机构应配备消防设施和设备。供电设施应符合 GB 50055 的相关规定［现行版本《通用用电设备配电设计规范》（GB 50055—2011）］。建筑物的防雷措施、防雷装置应符合 GB 50057 的有关规定［现行版本《建筑物防雷设计规范》（GB 50057—2010）］。

检测线地沟的长度应与承检车型相适应。地沟应设置通行通道及照明装置。地沟边缘应设置防止车辆跌入地沟的安全防护装置。

二、检测车间

检测车间的长度、宽度和高度应适应承检车型检测的需要，并方便承检车辆进入和驶出。

检测车间应通风、防雨，同时设置排（换）气装置和排水装置，并有温度、湿度、大气压力测量装置。

检测车间路面的承载能力应适应承检车型的轴荷要求，行车路面纵向和横向坡度应不大于 0.1%，平整度应不大于 2.0‰。在滚筒反力式制动检验台工位前后，对于 10t（含）以上级检测线 6m 内和 3t 级检测线 3m 内的行车地面，其附着系数应不低于 0.7，平板式制动检验台工位除外。

检测车间内的采光和照明应符合 GB 50033 和 GB 50034 的有关规定［现行版本《建筑采光设计标准》（GB 50033—2013）和《建筑照明设计标准》（GB 50034—2013）］。

三、检测线

检测线应布置在检测车间内，并按检验流程合理分布。

检测线出入口应设引车道和必要的交通标志以及安全防护装置等。

四、停车场和试车道路

停车场的面积应与检测业务量相适应，不得与试车道路和行车道路等设施共用。

　　试车道路的承载能力应适应承检车型的轴荷要求，试验车道应铺设平坦、硬实的水泥或沥青路面并设有规范的交通标志标线，路面附着系数应不小于 0.7。试验车道宽度应不小于 6m，纵向坡度在任意 50m 长度范围内应不大于 1.0%，横向坡度应不大于 3.0%。大型车辆试验车道应不小于 100m，小型车辆试验车道应不小于 80m。

　　用于驻车制动性能检验的驻车坡道，坡度分别为 15% 和 20%，坡道的长度应当比承检车型的最大轴距长 1m，宽度应当比承检车型的最大宽度宽 1m。采用符合规定的驻车制动检测设备检验时，可不构建驻车坡道。

第三章 道路运输车辆技术要求

道路运输车辆是指获得道路运输许可，从事经营性道路客、货运输的车辆。

第一节 基本要求

《道路运输车辆综合性能要求和检验方法》（GB 18565—2016）技术要求中的车辆类型按照《机动车及挂车分类》（GB/T 15089—2001）进行分类。M 类、N 类与 O 类车辆定义如下。

M 类：至少有四个车轮并且用于载客的机动车辆。

M_1 类：包括驾驶员座位在内座位数不超过九座的载客车辆。

M_2 类：包括驾驶员座位在内座位数超过九个，且最大设计总质量不超过 5000kg 的载客车辆。

M_3 类：包括驾驶员座位在内座位数超过九个，且最大设计总质量超过 5000kg 的载客车辆。

N 类：至少有四个车轮且用于载货的机动车辆。

N_1 类：最大设计总质量不超过 3500kg 的载货车辆。

N_2 类：最大设计总质量超过 3500kg，但不超过 12000kg 的载货车辆。

N_3 类：最大设计总质量超过 12000kg 的载货车辆。

O 类：挂车（包括半挂车）。

O_1 类：最大设计总质量不超过 750kg 的挂车。

O_2 类：最大设计总质量超过 750kg，但不超过 3500kg 的挂车。

O_3 类：最大设计总质量超过 3500kg，但不超过 10000kg 的挂车。

O_4 类：最大设计总质量超过 10000kg 的挂车。

一、申请从事道路运输车辆的基本技术要求

申请从事道路运输车辆是指申请办理道路运输经营许可证，并拟从事道路运输经营的已注册车辆。以下要求是对拟进入道路运输市场车辆提出的要求。

1. 结构要求

对申请从事道路运输车辆提出的结构要求，有些属于汽车产品公告管理内容，但在《道路运输车辆综合性能要求和检验方法》（GB 18565—2016）中也进行了重复。

① 申请从事道路运输的车辆应符合 GB 1589 的规定。现行的《汽车、挂车及汽车列车外廓尺寸、轴荷及质量限值》（GB 1589—2016）规定了汽车、挂车及汽车列车的外廓尺寸限值、最大允许轴荷限值、最大允许总质量限值、车辆通过性要求、后悬要求等。

② 客车的上部结构强度应符合 GB 17578 的规定。现行的《客车上部结构强度要求及试验方法》（GB 17578—2013）规定了客车上部结构强度的技术要求和试验方法。技术要求包括总体要求和生存空间要求，试验方法包括整车侧翻试验以及等效试验方法。

③ 货车驾驶室的强度和安装强度应满足 GB 26512 的要求。现行的《商用车驾驶室乘员保护》（GB 26512—2011）规定了商用车驾驶室乘员保护的要求和试验方法。

商用车是指在设计和技术特征上用于运送人员和货物的汽车。商用车包含了所有的载货汽车和九座以上的客车。

④ 货车均应在驾驶室（区）两侧喷涂总质量（半挂牵引车为最大允许牵引质量）。其中，栏板货车和自卸车还应在驾驶室两侧喷涂栏板高度，栏板挂车应在车厢两侧喷涂栏板高度。罐式汽车和罐式挂车还应在罐体上喷涂罐体容积和允许装运货物的种类。

⑤ 客车座椅及其车辆固定件的强度应符合 GB 13057 的规定。现行的《客车座椅及其车辆固定件的强度》（GB 13057—2014）规定了客车座椅及其车辆固定件的强度要求与试验方法。适用于前向安装的乘客座椅，以及乘客座椅的车辆固定件及其座椅安装。也适用于此类客车上安装于座椅前方的约束隔板及其车辆固定件。本标准不适用于后向座椅、侧向座椅和可折叠座椅，也不适用于驾驶员座椅。

⑥ 客车的所有应急出口应在车内用清晰的符号或文字标明，每个应急控制器处或附近应有标志并注明操作方法。封闭式客车的每个应急窗邻近处应设置玻璃破碎装置。若为应急锤，取下时应能通过声响信号实现报警，玻璃破碎装置的配置应符合相关规定。

⑦ 牵引车与挂车连接装置的结构应能确保相互牢固连接，应装有防止车辆在行驶中因振动和撞击导致连接脱开的安全装置。

⑧ 牵引车与其挂车之间的气动连接，对气压制动系统，连接挂车的气动接头应是双管路或多管路。

⑨ 汽车列车应装有挂车与牵引车意外脱离时的挂车自行制动装置。挂车与牵引车意外脱离后，挂车应能自行制动，且牵引车的制动仍然有效。

⑩ 用于道路甩挂运输的车辆，其结构应符合 JT/T 789 的要求。现行的《道路甩挂运输车辆技术条件》（JT/T 789—2010）规定了牵引车、半挂车和总质量 49t 以下的半挂汽车的性能与装置。适用于甩挂运输的车辆。甩挂运输就是带有动力的机动车将随车拖带的承载装置，包括半挂车、全挂车甚至货车底盘上的货箱甩留在目的地后，再拖带其他装满货物的装置返回原地，或者驶向新的地点。这种一辆带有动力的主车，连续拖带两个以上承载装置的运输方式被称为甩挂运输。

⑪ 危险货物运输车辆的结构应符合 GB 21668 的要求。现行的《危险货物运输车辆结构要求》（GB 21668—2008）规定了危险货物运输车辆的结构要求；适用于运输危险货物的 N 类和 O 类车辆及由 N 类车辆和一辆 O 类车辆组成的列车。

⑫ 危险货物运输车辆的标志应符合 GB 13392 的要求。运输爆炸品和剧毒化学品的车辆以及运输液体危险货物罐式车辆的标志和标识应符合 GB 20300、GB 18564.1 和 GB 18564.2 的相关要求。

现行的《道路运输危险货物车辆标志》（GB 13392—2005）规定了道路运输危险货物车辆标志的分类、规格尺寸、技术要求、试验方法、检验规则、包装、标志、装卸、运输和储存，以及安装悬挂和维护要求。

现行的《道路运输爆炸品和剧毒化学品车辆安全技术条件》（GB 20300—2006）规定了道路运输爆炸品和剧毒化学品车辆的术语、定义、要求、标志和随车文件。

现行的《道路运输液体危险货物罐式车辆　第 1 部分：金属常压罐体技术要求》（GB 18564.1—2006）规定了道路运输液体危险货物罐式车辆金属常压罐体的设计、制造、试验方法、出厂检验、涂装与标志标识以及定期检验项目的技术要求。

现行的《道路运输液体危险货物罐式车辆　第 2 部分：非金属常压罐体技术要求》（GB 18564.2—2008）规定了道路运输液体危险货物罐式车辆非金属常压罐体的设计、制造、试验方法、出厂检验、涂装与标记标识以及定期检验项目的技术要求。

2. 配置要求

对道路运输车辆提出的配置要求，有些属于汽车产品公告管理内容，《商用车辆和挂车制动系统技术要求及试验方法》（GB 12676—2014）也有相同的规定，但在《道路运输车辆综合性能要求和检验方法》（GB 18565—2016）中也进行了重复。

① M_2、M_3 类客车，N_2 和不超过四轴的 N_3 类货车，危险货物运输车，O_3 和 O_4 类挂车以及乘用车应安装符合 GB/T 13594 规定的防抱制动装置，并配备防抱制动装置失效时用于报警的信号装置。

② 车长大于 9m 的客车和危险货物运输车，其前轮应装有盘式制动器。

③ 车长大于 9m 的客车、N_3 类货车（含危险货物运输车）应装有缓速器或其他辅助制动装置。

对于经常在山区或丘陵地带行驶的汽车，为了使下长坡时长时间而持续地降低或保持稳定车速并减轻或解除行车制动器的负荷，通常需要加装缓速器等辅助制动装置。根据其工作原理的不同，汽车缓速器可分为发动机缓速装置、液力缓速器、电涡轮缓速器、电动机缓速装置和空气动力缓速装置等典型结构形式。

④ M_2、M_3 类客车，N_2 和 N_3 类货车，O_3 和 O_4 类半挂车，乘用车以及危险货物运输车，其所有的行车制动器都应装有制动间隙自动调整装置。

⑤ 采用气压制动的车辆应装有气压显示装置、限压装置，并可实现报警功能。气压制动系统应安装保持压缩空气干燥或油水分离的装置。

⑥ 车长大于 9m 的客车和危险货物运输车应装用子午线轮胎，卧铺客车应装用无内胎的子午线轮胎。

⑦ 客车、货车及乘用车的所有座椅均应装备符合 GB 14166 要求的安全带，其固定点应符合 GB 14167 的要求。

现行的《机动车乘员用安全带、约束系统、儿童约束系统和 ISOFIX 儿童约束系统》（GB 14166—2013）规定了汽车安全带、约束系统、儿童约束系统和 ISOFIX 儿童约束系统的定义、技术要求和试验方法。

现行的《汽车安全带安装固定点、ISOFIX 固定点系统及上拉带固定点》（GB 14167—2013）规定了汽车安全带安装固定点和儿童约束系统的 ISOFIX 固定点系统及其上拉带固定点的位置、强度要求和试验方法。

⑧ 客车和危险货物运输车应具有限速功能，否则应配备符合 GB/T 24545 要求的限速装置。三轴及三轴以上的货车应具有超速报警功能（具有限速功能和限速装置且符合规定的除外），能通过视觉或声觉信号报警。限速功能、限速装置和超速报警调定的最大速度应符合有关规定。

现行的《车辆车速限制系统技术要求》（GB/T 24545—2009）规定了车辆车速限制系统技术要求及其试验方法。

⑨ 旅游客车、包车客车、三类及以上班线客车、危险货物运输车、N_3 类载货汽车和半

挂牵引车应装有具有行驶记录功能并符合 GB/T 19056 和 JT/T 794 规定的卫星定位系统车载终端。

按照《中华人民共和国道路运输条例》，我国的班车客运的线路根据经营区域和营运线路长度分为四种类型。一类客运班线是指地区所在地与地区所在地之间的客运班线或者营运线路长度在 800km 以上的客运班线。二类客运班线是指地区所在地与县之间的客运班线。三类客运班线是指非毗邻县之间的客运班线。四类客运班线是指毗邻县之间的客运班线或者县境内的客运班线。

现行的《汽车行驶记录仪》（GB/T 19056—2012）规定了汽车行驶记录仪的术语和定义、要求、试验方法、检验规则、安装、标志、标签和包装等内容。

现行的《道路运输车辆卫星定位系统　车载终端技术要求》（JT/T 794—2011）规定了道路运输卫星定位系统车载终端的一般要求、功能要求、性能要求以及安装要求。

⑩ 客车在设计和制造上应保证发动机或采暖装置的排气不会进入客厢，封闭式客车应有通风换气装置。

⑪ 客车应设置车厢灯和门灯。车厢灯和门灯不应影响本车驾驶人的视线及其他机动车的正常行驶。

⑫ 转向轴最大设计轴质量大于 4000kg 时，应装有转向助力装置。

3. 防火要求

对申请从事道路运输车辆提出的防火要求，有些属于汽车产品公告管理内容，但在《道路运输车辆综合性能要求和检验方法》（GB 18565—2016）中也进行了重复。

① 客车和货车的驾驶室及成员舱所用的内饰材料应采用符合 GB 8410 规定的阻燃材料。其中，客车内饰材料的燃烧速率应小于或等于 70mm/min。

现行的《汽车内饰材料的燃烧特性》（GB 8410—2006）规定了汽车内饰材料水平燃烧特性的技术要求及试验方法。

② 发动机后置的客车，其发动机舱内应装备发动机舱自动灭火装置（电动汽车除外）。灭火装置启动时应能通过声觉信号向驾驶员报警。

③ 装备电涡流缓速器的客车和货车（含危险货物运输车），缓速器的安装部位上方应装有隔热板或具阻燃性的隔热材料。

④ 客车发动机舱内和其他热源附近的线束应采用耐温不低于 125℃ 的阻燃电线，其他部位的线束应采用耐温不低于 100℃ 的阻燃电线，波纹管阻燃等级应达到 GB/T 2408 规定的 V-0 级。线束穿孔洞时应装设阻燃耐磨绝缘套管。

⑤ 客车和货车车载电气设备的供电导线应符合 QC/T 730 的要求，低压电线束应符合 QC/T 29106 的要求。

现行的《汽车用薄壁绝缘低压电线》（QC/T 730—2005）规定了汽车用薄壁绝缘低压电线的要求、试验方法、检验规则等。

现行的《汽车电线束技术条件》（QC/T 29106—2014）规定了汽车电线束的要求、试验方法、检验规则、标志、包装、储存和保管。

⑥ 客车乘员舱和货车驾驶室应配置手提式灭火器，客车灭火装置的配置应符合相关标准要求。除驾驶室内应配备 1 个干粉灭火器外，道路运输爆炸品、剧毒化学品的车辆以及其他危险货物运输车辆还应配备与装运介质性能相适应的灭火器或有效的灭火装置，灭火器的规格、放置位置及固定应符合 GB 20300 等相关规定。

二、在用道路运输车辆的基本技术要求

道路运输车辆是指获得道路运输许可，从事经营性道路客、货运输的车辆。

1.唯一性认定

唯一性检查是道路运输车辆综合性能检验最重要的项目之一，是打击走私、盗抢、改装拼装机动车等违法犯罪行为的防线和有效手段，对车辆唯一性检查工作必须予以重视。

车辆检验时，需要从号牌号码、类型、品牌型号、车身颜色、发动机号、底盘号或VIN号、挂车架号、重中型货车及挂车的外廓尺寸、货车及挂车车厢栏板高度以及客车的实际座（铺）位数等几个方面，对车辆唯一性进行检查确认。《道路运输车辆综合性能要求和检验方法》（GB 18565—2016）要求：在用道路运输车辆的号牌号码、类型、品牌型号、燃料类别、车身颜色、发动机号、底盘号或VIN号、挂车架号、重中型货车及挂车的外廓尺寸、车厢栏板高度应与行驶证、机动车登记证、道路运输证记载的内容及其他相关资料相符。

外廓尺寸仅对总质量大于3500kg的重中型货车及挂车进行测量，重点关注是否有加长、加宽、加高情形。《道路运输车辆综合性能要求和检验方法》（GB 18565—2016）要求：外廓尺寸的允许误差为±2%或±100mm，取大者。对于汽车列车，其外廓尺寸不得超过GB 1589规定的最大限值。

一般情况下，载货汽车分为重型货车、中型货车和轻型货车。重型货车是指总质量大于等于12000kg的载货汽车。中型货车是指车长大于等于6m或者总质量大于等于4500kg且小于12000kg的载货汽车。而轻型货车是指车长小于6m，总质量小于4500kg的载货汽车。

挂车是指由汽车牵引而本身无动力驱动装置的车辆。挂车按挂车与牵引汽车的连接方式分为全挂车和半挂车。全挂车是指由牵引车牵引且其全部质量由本身承受的挂车，如图3-1所示；半挂车是指由牵引车牵引且其部分质量由牵引车承受的挂车，如图3-2所示。

图 3-1　全挂车

图 3-2　半挂车

汽车列车是指由汽车或牵引车和挂车组成的车列。

车厢栏板高度仅对结构上有栏板的货车、挂车（包括栏板货车、栏板挂车、自卸车、仓栅车等）进行查验，重点关注是否有加高情形。《道路运输车辆综合性能要求和检验方法》（GB 18565—2016）要求：车厢栏板高度的允许误差为±2%或±50mm，取大者。

栏板货车、栏板挂车、自卸车、仓栅车如图3-3～图3-6所示。

图 3-3　栏板货车

图 3-4　栏板挂车

图 3-5　自卸车

客车的座（铺）位数，对所有客车进行核定。《道路运输车辆综合性能要求和检验方法》（GB 18565—2016）要求：客车的座（铺）位数应与道路运输证核定的数量一致。

2.电子控制系统

随着车载电子技术的发展，越来越多的车辆安装有车载诊断系统（OBD）。

图 3-6　仓栅车

OBD 从发动机的运行状况随时监控汽车是否尾气超标，一旦超标，会马上发出警示。当系统出现故障时，故障（MIL）灯或检查发动机（Check Engine）警告灯亮，同时动力总成控制模块（PCM）将故障信息存入存储器，通过一定的程序可以将故障码从 PCM 中读出。根据故障码的提示，维修人员能迅速准确地确定故障的性质和部位。OBD 实时监测发动机、催化转化器、颗粒捕集器、氧传感器、排放控制系统、燃油系统、EGR（废气再循环）等系统和部件，然后通过不同于排放有关的部件信息，连接到 ECU（电控单元，它具有检测、分析与排放相关故障的功能），当出现排放故障时，ECU 记录故障信息和相关代码，并通过故障灯发出警告，告知驾驶员。ECU 通过标准数据接口，保证对故障信息的访问和处理。

《道路运输车辆综合性能要求和检验方法》（GB 18565—2016）要求：装有车载诊断系统（OBD）的车辆不应有与发动机排放控制系统、防抱制动装置（ABS）和电动助力转向系统（EPS）及其他与行车安全相关的故障信息。

未装有车载诊断系统（OBD）的车辆不适用于上述要求。

3. 发动机

《道路运输车辆综合性能要求和检验方法》（GB 18565—2016）对发动机的基本性能、助力转向传动带、空气压缩机传动带以及燃料供给系统进行了要求。

（1）工作性能

发动机启动性能良好。在正常工作温度状态下，发动机启动 3 次，成功启动次数不少于 2 次。柴油发动机停机装置功能有效。在正常工作温度状态下，发动机连续启动/停机 3 次，3 次停机均应有效。发动机低、中、高速运转稳定，无异响。

（2）密封性

发动机缸体、油底壳、冷却水道边盖、放水阀、水箱等不得有油、液滴漏现象。

（3）传动带

助力转向传动带和空气压缩机传动带无裂痕、油污和过量磨损，运转良好。空气压缩机传动带的松紧度符合规定。对于采用齿轮传动的空气压缩机，其齿轮箱无异响和漏油现象。

（4）燃料供给

输油管不得有泄漏现象，与其他部件无碰擦，软管无老化现象。燃料箱及燃料管路应稳固牢靠。燃料箱盖应齐全，并能有效地防止燃料泄漏。不得随意改动或加装燃料箱。

4. 制动系统

制动系统是汽车最重要的主动安全装置，由制动泵（缸）及气（油）路、储气筒、制动踏板等多个部件组成。因机械故障引发的重特大道路交通事故，与制动系统的技术状况有直接关系，在车辆检验时应予以高度重视。

《道路运输车辆综合性能要求和检验方法》（GB 18565—2016）对车辆的行车制动和驻车制动做了基本要求。

（1）行车制动

① 制动管路。制动管路稳固，转向及行驶时，金属管路及软管不应与车身或底盘产生运动干涉。

② 制动泵（缸）及气（油）路。制动泵（缸）及气（油）路应符合以下要求：

a. 制动总泵（主缸）、分泵（轮缸）、各类阀门及制动管路无漏气、漏油现象；

b. 制动金属管及软管无弯折、磨损、凸起和扁平等现象，接头处的连接可靠；

c. 液压制动助力系统的真空软管不应有磨损、折痕和破裂，接头处的连接可靠。

③ 制动报警装置。气压制动系统的低气压报警装置工作正常，制动系统故障报警装置无报警信号输出。

④ 缓速器。缓速器连接可靠，电涡流缓速器外表、定子与转子间应清洁、无油污，液压缓速器不应有漏油现象。

⑤ 弹簧储能装置。装有弹簧储能制动器的气压制动车辆，弹簧气室气压低时，弹簧储能制动器自锁装置应有效。

⑥ 储气筒。储气筒安装稳固，不应有锈蚀、变形等损伤，储气筒排污（水）阀畅通。

⑦ 制动踏板。制动踏板无破裂或损坏，防滑面无磨光现象。

（2）驻车制动

驻车制动装置机件齐全完好，操控灵活有效，拉杆无过度摇晃现象。

5. 转向系统

《道路运输车辆综合性能要求和检验方法》（GB 18565—2016）对车辆转向系统的部件连接、部件技术状况、转向助力装置等做了基本要求。

（1）部件连接

转向机构各部件应连接紧固，各连杆无松旷，锁止、限位正常，转向时无卡阻和运动干涉。

（2）部件技术状况

转向节、臂、横直拉杆、平衡杆、转向器摇臂和球销总成应无变形、裂纹及拼焊，转向器摇臂、球销总成及各连杆的连接部位不松旷，转向器壳体和侧盖无裂损、渗油、漏油现象。

（3）转向助力装置

转向助力装置工作正常，不应有传动带打滑和漏油现象。

6. 行驶系统

《道路运输车辆综合性能要求和检验方法》（GB 18565—2016）对车辆行驶系统的车架、车桥、拉杆、导杆、车轮、螺栓、螺母、轮胎、悬架等做了基本要求。

（1）车架

全承载式结构的车身以及非全承载式结构的车架纵梁、横梁不应有开裂和变形等损伤，铆钉、螺栓齐全有效。

（2）车桥

车桥的桥壳无可视的裂纹及变形。车桥密封良好，无漏油现象。

（3）拉杆和导杆

车桥与悬架之间的拉杆和导杆无松旷、移位及可视的变形及裂纹。

（4）车轮及螺栓、螺母

各车轮的轮辋应无裂纹，车轮及半轴的螺栓、螺母应齐全、完好，连接可靠。车轮安装的装饰罩和装饰帽不得有碍于检查螺栓、螺母技术状况。

（5）轮胎

① 轮胎的胎冠、胎壁不得有长度超过 25mm 或深度足以露出帘布层的破裂和割伤以及凸起、异物刺入等影响使用的缺陷，并装轮胎间应无异物嵌入。

② 具有磨损标志的轮胎，胎冠的磨损不得触及磨损标志；无磨损标志或标志不清的轮胎，乘用车和挂车的胎冠花纹深度应不小于 1.6mm；其他车型的转向轮的胎冠花纹深度应不小于 3.2mm，其余轮胎胎纹深度应不小于 1.6mm。

③ 同轴轮胎的规格和花纹应相同，规格符合整车制造厂的规定。

④ 装用轮胎的速度级别应不低于车辆最高设计车速的要求。

⑤ 轮胎的充气压力应符合规定值。

⑥ 客车和危险货物运输车的所有车轮不得装用翻新的轮胎，其他车辆的转向轮不得装用翻新的轮胎，其余车轮使用翻新的轮胎应符合相关标准的规定。

⑦ 车长大于 9m 的客车和危险货物运输车应装用子午线轮胎，卧铺客车应装用无内胎的子午线轮胎。

⑧ 随车配备备用轮胎并固定牢固。

（6）悬架

① 弹性元件。悬架的弹性元件，如钢板弹簧、螺旋弹簧、扭杆弹簧、橡胶减振垫等弹性元件应安装牢固，不应有裂纹、缺片、加片、断裂、塑性变形和功能失效等现象，空气弹簧不应有泄漏现象。

② 部件连接。悬架的弹性元件总成、减振器、导向杆（若装配）等部件应连接可靠，钢板弹簧的 U 形螺栓、螺母等应齐全、紧固，吊耳销（套）无松旷和断裂，锁销齐全有效。

③ 减振器。减振器稳固有效，无漏油现象。

7. 传动系统

（1）离合器

离合器接合平稳、分离彻底、操作轻便，工作时无异响、打滑、抖动、沉重等现象。

（2）变速器

变速器操纵轻便、挡位准确，无异响和滴漏油现象。

（3）传动件异响

运转时，传动轴、主减速器和差速器不应有异响。

（4）万向节与轴承

万向节、中间轴承无松旷、无裂损。

8. 照明、信号装置和标识

(1) 外部照明和信号装置

前照灯、转向灯、示廓灯、危险报警闪光灯和雾灯等信号装置应齐全、完好、有效。

(2) 前照灯远、近光光束变换功能

前照灯远、近光光束变换功能正常。

(3) 反射器与侧标志灯

车辆的后反射器、侧反射器和侧标志灯应齐全，无损毁。

(4) 货车车身反光标识和尾部标志板

货车、挂车侧面及后部的车身反光标识和尾部标志板的适用车型要求、性能、尺寸、位置应符合 GB 7258 的相关要求，且完好、无污损。

9. 电气线路及仪表

(1) 导线

发动机舱内线束以及其他部位线束的导线绝缘层无老化、龟裂和破损，导体无外露，线束固定可靠；电缆线及连接蓄电池的接头应牢固，并有绝缘套；导线穿过金属孔时应设绝缘护套。

(2) 仪表与指示器

车速、里程、水温、机油压力、电流或电压或充电、燃油、气压等信号指示装置应工作正常。

(3) 卫星定位系统车载终端

装有卫星定位系统车载终端的车辆，终端应工作正常。

10. 车身

(1) 门窗及照明

① 采用动力启闭车门的客车，车门应急控制器机件齐全完好，应急控制器标志及操作说明无损毁。

② 应急门和安全顶窗机件齐全完好。

③ 应急窗易于开启，封闭式客车的每个应急窗临近处都应有玻璃破碎装置，且状态完好。采用安全手锤时，应在规定的位置放置。

④ 所有门、窗的玻璃都应齐全，不得有长度超过 25mm 且易导致破碎的裂纹和穿孔，密封良好。

⑤ 客车车厢灯和门灯工作正常。

(2) 车身外观

① 车身与驾驶室基本完好。客车车身和货车驾驶室不得有超过 3 处的轻微开裂、锈蚀和明显变形，缺陷部位不影响安全性和密封性。

② 车身应周正，货车、客车及挂车车轴上方的车身两侧对称部位的高度差不大于 40mm。

③ 车身外部和内部不应有任何可能使人致伤的尖锐凸起物。

④ 客车车身和货车驾驶室的表面涂装无明显的缺损（允许有轻微划伤），补漆颜色与原色基本一致。

⑤ 货车货厢、车门、栏板和底板应无变形及破损，栏板锁止机构作用可靠。

⑥ 驾驶室车窗玻璃不应张贴妨碍驾驶员视野的附加物及镜面反光遮阳膜。

11. 附属设备

（1）后视镜和下视镜

车辆的左右后视镜、内后视镜、下视镜应完好、无损毁，并能有效保持其位置。N_2、N_3 类货车的内后视镜不做要求。

（2）风窗刮水器、洗涤器

前风窗玻璃刮水器、洗涤器应能正常工作，刮水器关闭时刮片应能自动返回初始位置。

（3）防眩目装置

驾驶室内的防止阳光直射而使驾驶员产生眩目的装置完整有效。

（4）除雾、除霜装置

前风窗玻璃的除雾、除霜装置工作正常。

（5）排气管和消声器

排气管、消声器应完好有效，稳固可靠。

12. 安全防护

（1）安全带

客车的所有座椅、货车驾驶人座椅和前排乘员座椅都应配备安全带，并且配件齐全有效、无破损。

（2）侧面防护装置

N_2、N_3 类货车（半挂牵引车除外），O_3、O_4 类挂车两侧，以及牵引车与挂车之间两侧装备的侧面防护装置应完好、稳固、有效。车辆自身结构已能防止行人和骑车人等卷入的汽车及挂车除外。侧面防护装置如图 3-7 所示。

图 3-7　侧面防护装置

（3）后部防护装置

除牵引车和长货挂车以外的 N_2、N_3 类货车及 O_3、O_4 类挂车的后下部防护应完好、稳固、有效。后部防护装置如图 3-8 所示。

（4）保险杠

乘用车、车长小于 6m 客车的前、后保险杠，货车的前保险杠应无损毁并稳固。

（5）牵引装置和安全锁止机构

汽车列车牵引装置的连接和安全锁止机构锁止可靠。集装箱运输车固定集装箱箱体的锁止机构应工作可靠、无损坏。

图 3-8　后部防护装置

（6）安全架与隔离装置

货车车厢前部安装的安全架，驾驶员和货物同在车厢内的厢式车隔离装置应完好、稳固。

（7）灭火器材、警示牌和停车楔

① 随车配备与车辆类型相适应的灭火器，灭火器应在有效期内，并安装牢靠和便于取用。对于客车，仅有一个灭火器时，应设置在驾驶人附近。当有多个灭火器时，应在客厢内按前、后或前、中、后分布，其中一个应靠近驾驶人座椅。

② 随车配备三角警告牌，并妥善放置。

③ 随车配备停车楔，数量不少于两个，并妥善放置。

（8）危险货物运输车辆安全装置与标志

运送易燃易爆货物的车辆应符合以下要求。

① 应备有灭火器材，其数量、放置位置及固定应符合 GB 20300 的相关规定。排气管应装在罐体（厢体）前端面之前、不高于车辆纵梁上平面的区域。隔热和熄灭火星的装置完好。

② 电路系统应有切断总电源和隔离电火花的装置，该装置应安装在驾驶室内。

③ 车辆尾部的导静电拖地带完整有效，无破损。

危险货物运输车辆的标志应符合 GB 13392 的要求，运输爆炸品和剧毒化学品车辆以及运输液体危险货物罐式车辆的标志和标识应符合 GB 20300、GB 18564.1 和 GB 18564.2 的要求，且应齐全、完整、清晰、无污损，安装位置应符合规定。

装运危险货物的罐（槽）式车辆，其罐体应具备由符合资质的有关机构出具的有效检验合格证明或报告，并在有效期内。

装运大型气瓶、可移动罐（槽）等的车辆，应设置有效的紧固装置，不得松动。

第二节　动力性要求

动力性与车辆运输安全和运输效率相关，是道路运输车辆的重要性能之一。

《道路运输车辆综合性能要求和检验方法》（GB 18565—2016）规定了申请从事道路运输车辆的动力性要求、在用道路运输车辆的动力性要求及检验方法。

一、申请从事道路运输车辆的动力性要求

拟申请从事道路运输车辆的动力性要求，按照客车、货车和汽车列车三种车型分别提

出，其中客车和汽车列车以比功率为评价指标，货车以满载最高设计车速为评价指标。

对于注册日期在 3 个月以内的新生产车辆，无需对此项进行查验。

1. 客车的动力性要求

客车的动力性以比功率评价，应符合 JT/T 325 的相关要求。比功率是发动机最大净功率（或 0.9 倍的发动机额定功率，或 0.9 倍的发动机标定功率）与车辆最大允许总质量之比。

根据《营运客车类型划分及等级评定》（JT/T 325—2018），营运客车动力性要求如表 3-1 所示。

表 3-1 营运客车动力性要求

客车类型	特大型客车					大型客车					中型客车				小型客车			
	高三	高二	高一	中级	普通	高三	高二	高一	中级	普通	高二	高一	中级	普通	高二	高一	中级	普通
比功率 /(kW/t)	≥12	≥11	≥10	≥9	≥8	≥14	≥12.5	≥11	≥9	≥8	≥13	≥12	≥11	≥10	≥20	≥18	≥13.5	≥12

2. 货车的动力性要求

货车满载条件下的最高设计车速应不小于 70km/h，满载最高车速试验方法执行 GB/T 12544 的规定。

3. 汽车列车的动力性要求

汽车列车的动力性以比功率评价，应符合表 3-2 的要求。

表 3-2 汽车列车比功率限值

最大总质量 G/t	$G<18$	$18{\leqslant}G<43$	$43{\leqslant}G<49$
比功率/(kW/t)	≥6.88	≥4.30+46.00/G	≥5.40

二、在用道路运输车辆的动力性要求

《道路运输车辆综合性能要求和检验方法》（GB 18565—2016）规定的动力性指标，是基于达标法的汽车动力性台架检验，以相应工况和阻力负荷下的驱动轮轮边稳定车速进行评价。驱动轮轮边稳定车速是指在额定功率（或额定扭矩）工况和规定的负荷下，驱动轮轮边的稳定线速度。该方法依据《机动车运行安全技术条件》（GB 7258—2017）规定的"发动机功率应大于等于标牌（或产品使用说明书）标明的发动机功率的 75%"。

基于达标法的汽车动力性台架检验有额定功率和额定扭矩两种规定工况，其中，额定功率工况适用于压燃式发动机的车辆，额定扭矩工况适用于点燃式发动机的车辆。

1. 压燃式发动机车辆的动力性要求

压燃式发动机车辆的动力性检验在额定功率工况下进行。液化燃气车辆按压燃式发动机动力性检测方法。

要求在额定功率工况下，驱动轮轮边稳定车速应不小于额定功率车速，如式（3-1）

所示。

$$v_w \geqslant v_e \tag{3-1}$$

式中 v_w——驱动轮轮边稳定车速，km/h；

　　v_e——额定功率车速，km/h。

（1）额定功率车速的测取和计算

在底盘测功机不加载的条件下，启动被检车辆，逐步加速，选择直接挡测取全油门的最高稳定车速 v_a，并按式(3-2)计算额定功率车速 v_e。

$$v_e = 0.86 v_a \tag{3-2}$$

式中 v_e——额定功率车速，km/h；

　　v_a——全油门所挂挡位的最高稳定车速，km/h。

0.86 倍的取值系数兼顾了机械调速柴油机相对偏大的稳定调速率和电控柴油机相对偏小的最高稳定转速与标定转速差，具有较好的通用性，误差可控制在较小范围。

当最高稳定车速大于 95km/h（对于危险货物运输车辆，其最高稳定车速大于 80km/h）时，应降低一个挡位，并重新测取最高稳定车速。

（2）额定功率工况测功机加载力的计算

发动机达标功率换算在驱动轮表面上的当量驱动力（F_e），该驱动力克服轮胎滚动阻力（F_c）、测功机台架内阻力（F_{tc}）、传动系统允许阻力（F_t）、发动机附件阻力（F_f）以及功率吸收装置加载阻力（F_E）五种阻力，在检测环境状态下平衡后，受检车辆驱动车轮达到稳定车速。显然，计算加载力需要得到发动机达标功率换算在驱动轮表面上的当量驱动力（F_e）、轮胎滚动阻力（F_c）、测功机台架内阻力（F_{tc}）、传动系统允许阻力（F_t）、发动机附件阻力（F_f）五种力。

底盘测功机检测环境下的功率吸收装置加载力，按式(3-3)计算。

$$F_E = F_e - F_{tc} - F_c - F_f - F_t \tag{3-3}$$

式中 F_E——检测环境下功率吸收装置在滚筒表面上的加载阻力，N；

　　F_e——v_e 车速点，检测环境下发动机达标功率换算在驱动轮上的驱动力，N；

　　F_{tc}——底盘测功机内阻力，N；

　　F_c——轮胎滚动阻力，N；

　　F_f——v_e 车速点，发动机附件消耗功率换算在驱动轮上的阻力，N；

　　F_t——车辆传动系允许阻力，N。

① F_e 的计算。按式(3-4)计算 F_e。

$$F_e = \frac{3600 \eta P_e}{\alpha_d v_e} \tag{3-4}$$

式中 P_e——发动机额定功率，kW；

　　η——功率比值系数，动力性达标检验时，$\eta = 0.75$；

　　α_d——压燃式发动机功率校正系数，发动机因子取 0.3，计算方法见 GB/T 18276—2000 中附录 A。

发动机达标功率是标准环境状态下的功率，要把其换算成检测环境状态下的驱动力，使发动机当量驱动力在检测环境状态下与系统各阻力平衡，故需除以功率校正系数 α_d。由于发动机转速和车辆车速与环境状态无关，只是发动机输出扭矩受环境状态影响，所以用功率校正系数修正功率、扭矩、驱动力是等效的。

② F_{tc} 的计算。F_{tc} 按表 3-3 取值，或采用反拖法定期测量测功机在 80km/h 时的内阻。具有反拖电动机的测功机，建议定期测量测功机在 80km/h 的内阻，以进一步提高动力性检

测的准确性。

表 3-3　台架内阻力 F_{tc} 推荐值

车辆类型	内阻	
	两轴四滚筒式台架内阻力(F_{tc})/N	三轴六滚筒式台架内阻力(F_{tc})/N
压燃式发动机车辆的动力性检验	130	160
点燃式发动机车辆的动力性检验	110	140

③ F_c 的计算。按式(3-5)计算 F_c。

$$F_c = f_c G_R g \tag{3-5}$$

式中　f_c——台架滚动阻力系数，v_e 大于或等于 70km/h 时，f_c 取 $2f$，v_e 小于 70km/h 时，f_c 取 $1.5f$；

　　　　f——汽车在水平硬路面上行驶的滚动阻力系数，子午线轮胎取 0.006，斜交轮胎取 0.010；

　　　　G_R——驱动轴空载质量，kg；

　　　　g——重力加速度，$g = 9.81m/s^2$。

汽车动力性台架检测时，被测车辆驱动轮与测功机滚筒间存在滚动阻力，该力作用在驱动轮表面上。高速行驶时，滚动阻力近似与车速成平方关系，低速行驶时，滚动阻力近似与车速成正比线性关系，且斜率不大。基于达标法的汽车动力性台架检测速度不超过 95km/h，属于低速范围，每一个测速点的滚动阻力都与驱动轴轴重成正比。试验表明：f_c 与驱动车轮类型和车速相关，子午线轮胎在 50km/h 时，$f_c = 1.5 \times 0.006$，80km/h 时，$f_c = 2 \times 0.006$；斜交轮胎在 50km/h 时，$f_c = 1.5 \times 0.01$，80km/h 时，$f_c = 2 \times 0.01$。由于斜率不大，且台架滚动阻力所占总阻力的比率也不大，为简化起见，当车速小于等于 70km/h 时，按 50km/h 点计算 f_c，当车速大于 70km/h 时，按 80km/h 点计算 f_c。

④ F_f 的计算。按式(3-6)计算 F_f。

$$F_f = \frac{3600 f_p P_e}{v_e} \tag{3-6}$$

式中　f_p——v_e 车速点，发动机附件消耗功率系数，当发动机铭牌（或说明书）功率参数以额定功率表征时，f_p 取 0.1；以车辆铭牌最大净功率表征时，f_p 取 0。

《汽车发动机性能试验方法》(GB/T 18297—2001)规定，发动机净功率是发动机带全套附件时所输出的校正有效功率；总功率是发动机仅带维持运转所必需的附件时所输出的校正有效功率；额定功率是制造厂根据发动机具体用途，在规定的额定转速下所输出的总功率。整车动力性台架检测时，发动机的附件阻力不仅包含了其自身附件阻力，也包含了排气制动阀、制动用的压气泵、空调用的冷气泵、动力转向用的液压泵等车辆附件阻力，并作用在发动机上。因此，发动机附件消耗功率系数 f_p 随发动机铭牌（或说明书）功率参数表征形式的不同而有所差异。

⑤ F_t 的计算。按式(3-7)计算 F_t。

$$F_t = 0.18 \times (F_e - F_f) \tag{3-7}$$

基于达标法的汽车动力性台架检测用于评价整车动力性，影响评价结果的因素除发动机动力性外，还包括传动系统的技术状况。当汽车传动系统的技术状况下降，实际阻力增大后，要求更高的发动机动力性。因此，规定传动系统允许阻力有利于在保证发动机动力性的同时也保证车辆驱动轮的动力性。变速箱与主减速器的匹配有多种形式，而传动效率与此相关。在传动系统阻力系数取值上，保守地按照少挡变速箱直接挡、双级主减速器（约等于多挡变速箱直接挡、单级主减速器）来估算车辆传动效率，η_t 为 $0.97 \times 0.98 \times 0.92 = 0.8746$，传动系阻力系数 $(1-\eta_t) = 1 - 0.8746 = 0.125 \approx 0.13$。考虑到允许再用车传动系统技术状况略有下降，故设定 $1-\eta_t = 0.18$。

2. 点燃式发动机车辆的动力性要求

点燃式发动机车辆的动力性检验在额定扭矩工况下进行。压缩燃气车辆按点燃式发动机动力性检测方法。

额定扭矩工况下，驱动轮轮边稳定车速应不小于额定扭矩车速，如式(3-8)所示。

$$v_w \geqslant v_m \tag{3-8}$$

式中　v_m——额定扭矩车速，km/h。

（1）额定扭矩车速的测取和计算

在底盘测功机不加载的条件下，启动被检车辆，逐步加速，选择变速箱第3挡位，采用加速踏板控制车速，当外接转速表（外接转速表无法稳定测取转速时，可观察发动机转速表）的转速稳定指向发动机额定扭矩转速 n_m 时，测取当前驱动轮轮边线速度，记作额定扭矩车速 v_m。当额定扭矩车速 v_m 大于 80km/h 时，应降低1个挡位，重新测取额定扭矩车速 v_m。

当额定扭矩转速为 $n_{m_1} \sim n_{m_2}$ 时，n_m 取其均值。当 n_m 大于 4000r/min 时，按 $n_m = 4000$r/min 测取 v_m。

（2）额定扭矩工况测功机加载力的计算

基于达标法的汽油车动力性检测加载力的计算与压燃式发动机车辆同理。汽油发动机达标扭矩换算在驱动轮上的当量驱动力 F_m，该力克服轮胎滚动阻力、测功机台架阻力、传动系统允许阻力、发动机附件当量阻力和功率吸收装置加载阻力后，驱动车轮达到稳定车速。

底盘测功机检测环境下的功率吸收装置加载力，按式(3-9)计算。

$$F_M = F_m - F_{tc} - F_c - F_f - F_t \tag{3-9}$$

式中　F_M——检测环境下功率吸收装置在滚筒表面上的加载力，N；

F_m——v_m 车速点，检测环境下发动机达标扭矩换算在驱动轮上的驱动力，N；

F_f——v_m 车速点，发动机附件消耗扭矩换算在驱动轮上的阻力，N。

① F_m 的计算。按式(3-10)计算 F_m。

$$F_m = \frac{0.377\eta M_m n_m}{\alpha_a v_m} \tag{3-10}$$

式中　M_m——发动机额定扭矩，N·m；

α_a——点燃式发动机功率校正系数，计算方法见 GB/T 18276—2000 中附录 A。

与压燃式发动机的达标功率同理，发动机达标扭矩是标准环境状态下的扭矩，要把其换算成检测环境状态下的驱动力，使发动机当量驱动力在检测环境状态下与系统各阻力平衡，故需除以功率校正系数 α_a。

② F_{tc} 的计算。F_{tc} 按表 3-3 取值，或采用反拖法定期测量测功机在 50km/h 时的内阻。具有反拖电动机的测功机，建议定期测量测功机在 50km/h 的内阻，以进一步提高动力性检测的准确性。

③ F_c 的计算。与压燃式发动机车辆的计算方法同理，按式(3-5)计算 F_c。其中，v_m 大于或等于 70km/h 时，f_c 取 $2f$；v_m 小于 70km/h 时，f_c 取 $1.5f$。f 取值：子午线轮胎取 0.006，斜交轮胎取 0.010。

④ F_f 的计算。按式(3-11)计算 F_f。

$$F_f = \frac{0.377 f_m M_m n_m}{v_m} \tag{3-11}$$

式中　f_m——v_m 车速点，发动机附件消耗扭矩系数，f_m 取 0.06。

发动机附件消耗扭矩随转速的增加而增大。在额定功率转速下，发动机附件的消耗扭矩约为发动机额定功率对应扭矩的 10%，而额定扭矩转速小于额定功率转速，故额定扭矩转速时（v_m 车速点）的发动机附件消耗扭矩系数小于 10%。又由于发动机的扭矩储备系数，额定扭矩比发动机额定功率对应扭矩增大约 15%，故发动机附件消耗扭矩系数（f_m）取中位偏大值为 0.06。

⑤ F_t 的计算。按式(3-12)计算 F_t。

$$F_t = 0.18 \times (F_m - F_f) \tag{3-12}$$

传动系统允许阻力（F_t）的取值原理与压燃式发动机车辆相同。

第三节　燃料经济性要求

一、申请从事道路运输车辆的燃料经济性要求

《道路运输车辆综合性能要求和检验方法》（GB 18565—2016）对申请从事道路运输车辆提出了燃料经济性要求，依据交通运输部 2009 年第 11 号部令《道路运输车辆燃料消耗量检测和监督管理办法》提出，技术依据为《营运客车燃料消耗量限值及测量方法》（JT/T 711—2016）和《营运货车燃料消耗量限值及测量方法》（JT/T 719—2016）。

具体要求是，燃用柴油或汽油且最大总质量超过 3500kg 的客车，其燃料消耗量应符合 JT/T 711—2016 的要求；燃用柴油或汽油且最大总质量超过 3500kg 的货车，其燃料消耗量应符合 JT/T 719—2019 的要求。轻型商用车和乘用车的燃料消耗量应符合 GB 20997 及 GB 19578 的要求。

对于进入流通领域销售的燃用柴油或汽油且最大总质量超过 3500kg 的新生产车辆，均已通过燃料消耗量达标车型确认，并予以公告，注册日期在 3 个月以内的，燃料消耗量视为合格，综合性能检验机构无需对此进行查验，但需按要求对达标车型参数进行核查。注册日期超过 3 个月以及未列入《道路运输车辆燃料消耗量达标车型表》的燃用柴油或汽油且最总质量超过 3500kg 的车辆，按 GB 18565—2016 规定的在用车辆燃料消耗量要求进行检验。

根据交通运输部 2009 年第 11 号部令《道路运输车辆燃料消耗量检测和监督管理办法》，对道路运输车辆实行燃料消耗量达标车型管理制度。交通运输部对经车辆生产企业自愿申请，并且经节能中心技术审查通过的车型以《道路运输车辆燃料消耗量达标车型表》的形式向社会公布。《道路运输车辆燃料消耗量达标车型表》车型可与《车辆生产企业及产品公告》车型同时申请。

1. 营运客车燃料消耗量限值

根据《营运客车燃料消耗量限值及测量方法》（JT/T 711—2016），营运客车的燃料消耗量限值用综合燃料消耗量指标表示。柴油客车燃料消耗量限值见表 3-4。汽油营运客车燃料消耗量限值为相应车长柴油营运客车限值的 1.15 倍（取值按四舍五入圆整至小数点后 1 位）。

表 3-4　柴油客车燃料消耗量限值

车型	车长(L)/m	第四阶段燃料消耗量限值/(L/100km)	
		高级车	中级及普通级车
特大型车	$L>12$	28.8	27.0
大型车	$11<L\leqslant12$	26.4	24.6
	$10<L\leqslant11$	24.2	22.6
	$9<L\leqslant10$	22.8	19.4
中型车	$8<L\leqslant9$	19.8	17.1
	$7<L\leqslant8$	17.7	15.3
	$6<L\leqslant7$	15.0	14.0
小型车	$L\leqslant6$	14.2	12.9

表 3-4 中的高级车、中级及普通级车按照《营运客车类型划分及等级评定》（JT/T 325—2018）划分。根据《营运客车类型划分及等级评定》（JT/T 325—2018），营运客车等级划分见表 3-5。

表 3-5　营运客车等级划分

类型	客　车																乘用车	
	特大型					大　型					中　型				小　型			
等级	高三级	高二级	高一级	中级	普通级	高三级	高二级	高一级	中级	普通级	高二级	高一级	中级	普通级	高二级	高一级	中级	普通级	高级	中级

2.营运货车燃料消耗量限值

根据《营运货车燃料消耗量限值及测量方法》（JT/T 719—2016），营运货车的燃料消耗量限值用综合燃料消耗量指标表示。柴油货运汽车（单车）、柴油自卸汽车（单车）和混凝土搅拌运输车（单车）及柴油半挂牵引车、牵引货车的燃料消耗量限值分别见表 3-6～表 3-8。汽油营运货车燃料消耗量限值为相应总质量柴油营运货车限值的 1.15 倍（取值按四舍五入圆整至小数点后 1 位）。

表 3-6　柴油货运汽车（单车）燃料消耗量限值

车辆总质量 T/kg	燃料消耗量限值/(L/100km)
$3500<T\leqslant4500$	13.2
$4500<T\leqslant7000$	15.2
$7000<T\leqslant9000$	18.0
$9000<T\leqslant12000$	21.0
$12000<T\leqslant18000$	24.3
$18000<T\leqslant20000$	27.7
$20000<T\leqslant25000$	30.9
$25000<T\leqslant31000$	33.6

表 3-7　柴油自卸汽车（单车）和混凝土搅拌运输车（单车）燃料消耗量限值

车辆总质量 T/kg	燃料消耗量限值/(L/100km)
3500＜T≤4500	14.1
4500＜T≤7000	16.6
7000＜T≤9000	19.6
9000＜T≤12000	22.7
12000＜T≤18000	25.1
18000＜T≤20000	30.2
20000＜T≤25000	33.4
25000＜T≤31000	36.2

表 3-8　柴油半挂牵引车、牵引货车燃料消耗量限值

列车总质量 T/kg	燃料消耗量限值/(L/100km)
T≤27000	34.9
27000＜T≤36000	37.3
36000＜T≤43000	40.4
43000＜T≤49000	43.1

3. 乘用车燃料消耗量限值

根据《乘用车燃料消耗量限值》（GB 19578—2014），装有手动挡变速器且具有三排以下座椅的乘用车燃料消耗量限值见表 3-9，其他乘用车燃料消耗量限值见表 3-10。

表 3-9　车型燃料消耗量限值（一）

整车整备质量 CM/kg	车型燃料消耗量限值/(L/100km)
CM≤750	5.2
750＜CM≤865	5.5
865＜CM≤980	5.8
980＜CM≤1090	6.1
1090＜CM≤1205	6.5
1205＜CM≤1320	6.9
1320＜CM≤1430	7.3
1430＜CM≤1540	7.7
1540＜CM≤1660	8.1
1660＜CM≤1770	8.5
1770＜CM≤1880	8.9
1880＜CM≤2000	9.3
2000＜CM≤2110	9.7
2110＜CM≤2280	10.1
2280＜CM≤2510	10.8
2510＜CM	11.5

表 3-10 车型燃料消耗量限值（二）

整车整备质量 CM/kg	车型燃料消耗量限值/(L/100km)
CM≤750	5.6
750＜CM≤865	5.9
865＜CM≤980	6.2
980＜CM≤1090	6.5
1090＜CM≤1205	6.8
1205＜CM≤1320	7.2
1320＜CM≤1430	7.6
1430＜CM≤1540	8.0
1540＜CM≤1660	8.4
1660＜CM≤1770	8.8
1770＜CM≤1880	9.2
1880＜CM≤2000	9.6
2000＜CM≤2110	10.1
2110＜CM≤2280	10.6
2280＜CM≤2510	11.2
2510＜CM	11.9

4. 轻型商用车辆燃料消耗量限值

根据《轻型商用车辆燃料消耗量限值》（GB 20997—2015），N_1 类车辆燃料消耗量限值见表 3-11，最大设计总质量不大于 35000kg 的 M_2 类车辆燃料消耗量限值见表 3-12。

表 3-11 N_1 类车辆燃料消耗量限值

整车整备质量 CM/kg	汽油车型燃料消耗量限值/(L/100km)	柴油车型燃料消耗量限值/(L/100km)
CM≤750	5.5	5.0
750＜CM≤865	5.8	5.2
865＜CM≤980	6.1	5.5
980＜CM≤1090	6.4	5.8
1090＜CM≤1205	6.7	6.1
1205＜CM≤1320	7.1	6.4
1320＜CM≤1430	7.5	6.7
1430＜CM≤1540	7.9	7.0
1540＜CM≤1660	8.3	7.3
1660＜CM≤1770	8.7	7.6
1770＜CM≤1880	9.1	7.9
1880＜CM≤2000	9.6	8.3
2000＜CM≤2110	10.1	8.7
2110＜CM≤2280	10.6	9.1

续表

整车整备质量 CM/kg	汽油车型燃料消耗量限值/(L/100km)	柴油车型燃料消耗量限值/(L/100km)
2280＜CM≤2510	11.1	9.5
2510＜CM	11.7	10.0

表 3-12　最大设计总质量不大于 35000kg 的 M₂ 类车辆燃料消耗量限值

整车整备质量 CM/kg	汽油车型燃料消耗量限值/(L/100km)	柴油车型燃料消耗量限值/(L/100km)
CM≤750	5.0	4.7
750＜CM≤865	5.4	5.0
865＜CM≤980	5.8	5.3
980＜CM≤1090	6.2	5.6
1090＜CM≤1205	6.6	5.9
1205＜CM≤1320	7.0	6.2
1320＜CM≤1430	7.4	6.5
1430＜CM≤1540	7.8	6.8
1540＜CM≤1660	8.2	7.1
1660＜CM≤1770	8.6	7.4
1770＜CM≤1880	9.0	7.7
1880＜CM≤2000	9.5	8.0
2000＜CM≤2110	10.0	8.4
2110＜CM≤2280	10.5	8.8
2280＜CM≤2510	11.0	9.2
2510＜CM	11.5	9.6

对于具有下列一种或多种结构的车辆，其限值是表 3-11 或表 3-12 中的限值乘以 1.05，求得的数值圆整（四舍五入）至小数点后一位。

① N_1 类全封闭厢式车辆。

② N_1 类罐式车辆。

③ 全轮驱动的车辆。

二、在用道路运输车辆的燃料经济性要求

《道路运输车辆综合性能要求和检验方法》（GB 18565—2016）规定：燃用柴油或汽油、总质量大于 3500kg 的在用车辆，其燃料消耗量限值及评价方法应符合 GB/T 18566 的规定。

根据《道路运输车辆燃料消耗量检测评价方法》（GB/T 18566—2011），在用道路运输车辆燃料消耗量的检测评价参数为汽车在水平硬路面上以额定总质量、变速器最高挡、等速行驶条件下的百公里燃料消耗量。

检测方法是在底盘测功机上模拟受检汽车道路行驶工况采用碳平衡法进行检测。碳平衡法即碳质量平衡法，是根据燃油在发动机中燃烧后排气中碳质量总和与燃油燃烧前的碳质量总和相等的质量守恒定律测算汽车燃料消耗量的方法。

道路运输车辆燃料消耗量检测工况由速度工况和载荷工况构成。按照《营运客车类型划分及等级评定》（JT/T 325）划分标准，高级营运客车检测速度工况为等速 60km/h，中级、

普通级营运客车以及营运货车检测速度工况为等速 50km/h。载荷工况即阻力工况，阻力是指汽车在水平硬路面上以额定总质量、变速器最高挡、等速行驶的道路行驶阻力。

已列入交通运输主管部门公布的《道路运输车辆燃料消耗量达标车型表》的车辆，其燃料消耗量限值为车辆《燃料消耗量参数表》中 50km/h 或 60km/h 满载等速油耗的 114%。相关信息可在道路运输车辆技术服务网（网址：http：//atestsc. mot. gov. cn/index）查询。

未列入交通运输主管部门公布的《道路运输车辆燃料消耗量达标车型表》的车辆，其燃料消耗量限值的参比值在《道路运输车辆燃料消耗量检测评价方法》（GB/T 18566—2011）附录 C 中进行了规定：在用柴油客车、货车（单车）及半挂汽车列车燃料消耗量限值的参比值见表 3-13～表 3-15。在用汽油车辆的燃料消耗量限值的参比值为相应车长、等级的柴油客车及相应总质量的柴油货车（单车）及半挂汽车列车限值参比值的 1.15 倍。

表 3-13　在用柴油客车燃料消耗量限值的参比值

车长(L) /mm	参比值/(L/100km)	
	高级客车 等速 60km/h	中级和普通级客车 等速 50km/h
$L \leqslant 6000$	11.3	9.5
$6000 < L \leqslant 7000$	13.1	11.5
$7000 < L \leqslant 8000$	15.3	14.1
$8000 < L \leqslant 9000$	16.4	15.5
$9000 < L \leqslant 10000$	17.8	16.7
$10000 < L \leqslant 11000$	19.4	17.6
$11000 < L \leqslant 12000$	20.1	18.3
$L > 12000$	22.3	20.3

表 3-14　在用柴油货车（单车）燃料消耗量限值的参比值

额定总质量 G /kg	参比值 /(L/100km)	额定总质量 G /kg	参比值 /(L/100km)
$3500 < G \leqslant 4000$	10.6	$17000 < G \leqslant 18000$	24.4
$4000 < G \leqslant 5000$	11.3	$18000 < G \leqslant 19000$	25.4
$5000 < G \leqslant 6000$	12.6	$19000 < G \leqslant 20000$	26.1
$6000 < G \leqslant 7000$	13.5	$20000 < G \leqslant 21000$	27.0
$7000 < G \leqslant 8000$	14.9	$21000 < G \leqslant 22000$	27.7
$8000 < G \leqslant 9000$	16.1	$22000 < G \leqslant 23000$	28.2
$9000 < G \leqslant 10000$	16.9	$23000 < G \leqslant 24000$	28.8
$10000 < G \leqslant 11000$	18.0	$24000 < G \leqslant 25000$	29.5
$11000 < G \leqslant 12000$	19.1	$25000 < G \leqslant 26000$	30.1
$12000 < G \leqslant 13000$	20.0	$26000 < G \leqslant 27000$	30.8
$13000 < G \leqslant 14000$	20.9	$27000 < G \leqslant 28000$	31.7
$14000 < G \leqslant 15000$	21.6	$28000 < G \leqslant 29000$	32.6
$15000 < G \leqslant 16000$	22.7	$29000 < G \leqslant 30000$	33.7
$16000 < G \leqslant 17000$	23.6	$30000 < G \leqslant 31000$	34.6

表 3-15　在用柴油半挂汽车列车燃料消耗量限值的参比值

额定总质量 G/kg	参比值/(L/100km)
$G \leqslant 27000$	42.9
$27000 < G \leqslant 35000$	43.9
$35000 < G \leqslant 43000$	46.2
$43000 < G \leqslant 49000$	47.3

当检测结果小于等于限值时，判定该车燃料消耗量为合格；当检测结果大于限值时，允许复检两次。一次复检合格，则判定该车燃料消耗量为合格。当检测结果和复检结果均大于限值时，则判定该车燃料消耗量为不合格。

第四节　制动性要求

一、申请从事道路运输车辆的制动性要求

对申请从事道路运输车辆提出的冷态制动性能要求，属于汽车产品公告管理内容，《商用车辆和挂车制动系统技术要求及试验方法》（GB 12676—2014）也有相同的规定，《道路运输车辆综合性能要求和检验方法》（GB 18565—2016）重复提出。

对于新生产车辆和非营运转营运车辆，综合性能检验机构无需查验冷态制动效能，但应按《道路运输车辆综合性能要求和检验方法》（GB 18565—2016）规定的在用车辆制动性能要求进行检验。

1. 冷态制动效能

（1）客车和货车

乘用车的行车制动系统冷态制动效能应符合 GB 21670 的要求，M_2、M_3 类客车和 N 类货车的行车制动系统冷态制动效能应符合 GB 12676 的要求。

现行的《乘用车制动系统技术要求及试验方法》（GB 21670—2008）规定了乘用车制动系统的结构、技术要求和试验方法。

现行的《商用车辆和挂车制动系统技术要求及试验方法》（GB 12676—2014）规定了商用车辆和挂车制动系统的技术要求及试验方法。

（2）挂车

O_3、O_4 类挂车行车制动时，作用于被制动车轮周缘上的制动力之和与各车轮静载荷总和之比应不小于：

① 全挂车，空载和满载时 50%；

② 半挂车，空载和满载时 45%。

2. 热态制动效能

（1）客车和货车

乘用车的行车制动系热态制动效能应符合 GB 21670 的要求，M_2、M_3 类客车和 N 类货车的行车制动系热态制动效能应符合 GB 12676 的要求。

（2）挂车

O_3、O_4 类挂车的行车制动系统热态制动效能应符合 GB 12676 的要求。

3.汽车列车

汽车列车的制动性能要求分为常规制动性能要求和特殊性能要求，制动时序和制动力分配为特殊制动性能要求。

根据交通运输部 2016 年第 1 号部令有关规定，挂车在办理道路运输证和年审时，查验其是否具有有效行驶证件，因此综合性能检验机构不对挂车进行检验，对于牵引车，应按《道路运输车辆综合性能要求和检验方法》（GB 18565—2016）规定的在用车辆制动性要求进行检验。

（1）制动性能

汽车列车的制动性能应满足：牵引车和挂车的制动性能均符合表 3-16 的相关要求。

表 3-16　台架检验制动性能要求

车辆类型		整车制动率/%		轴制动率/%		制动不平衡率/%
		空载	满载	前轴[①]	后轴[①]	
M_1 类客车		≥60	≥50	≥60[②]	≥20[②]	
M_2、M_3 类客车		≥60	≥50	≥60[②]	≥50[③]	
N_1 类货车		≥60	≥50	≥60[②]	≥20[②]	
N_2、N_3 类货车		≥60	≥50	≥60[②]	≥50[③]	前轴≤24 后轴≤30 或 10[④]
牵引车		≥60	≥50	≥60	≥50	
O_3、O_4 类挂车	全挂车	—	—	≥55[⑤]	≥55[⑤]	
	半挂车	—	—	—	≥55[⑤]	

①前轴是指位于机动车（单车）纵向中心线中心位置以前的轴，除前轴之外的其他轴均为后轴；第二转向桥视为前轴；挂车的所有车轴均视为后轴。

②空载和满载状态下测试时均应满足此要求。

③满载测试时不做要求，空载用平板制动检验台检验时应大于等于 35%；总质量大于 3500kg 的客车，空载用滚筒反力式制动检验台检验时应大于等于 40%，用平板制动检验台检验时应大于等于 30%。

④对于后轴，当轴制动率大于等于该轴轴荷 60% 时，不平衡率不大于 30%；当轴制动率小于该轴轴荷 60% 时，不平衡率不大于 10%。

⑤满载状态下测试时应大于等于 45%。

（2）制动时序

制动时序是指汽车列车各轴产生制动动作的时间次序。制动协调时间是指从触动制动踏板至所有车轮同时刻的制动力之和达到整车制动率规定值的 75%（或充分发出的平均减速度达到规定值的 75%）所需时间。

充分发出的平均减速度（MFDD，Mean Fully Developed Deceleration）是指制动过程中，车速从 $v_b(0.8v_0)$ 到 $v_e(0.1v_0)$ 时段内的平均减速度，用式(3-13) 表示。

$$MFDD = \frac{v_b^2 - v_e^2}{25.92(S_e - S_b)} \qquad (3-13)$$

式中　$MFDD$——充分发出的平均减速度，m/s^2；

$\qquad$ v_b——$0.8v_0$ 车辆的速度，km/h；

$\qquad$ v_e——$0.1v_0$ 车辆的速度，km/h；

$\qquad$ S_b——在速度 v_0 和 v_b 之间车辆驶过的距离，m；

$\qquad$ S_e——在速度 v_0 和 v_e 之间车辆驶过的距离，m。

汽车列车的制动时序应满足：挂车各轴的制动动作应不滞后于牵引车各轴的制动动作，

汽车列车的制动协调时间不大于 0.80s。

(3) 制动力分配

满载条件下，汽车列车制动力的分配应满足：仅使用牵引车（挂车）制动器时产生的制动减速度与使用牵引车和挂车全部制动器时产生的制动减速度的比值不应小于牵引车（挂车）质量与汽车列车质量比值的 95%。

4. 连续制动能力

连续制动能力要求适用于采用气压制动的车辆。对于新生产车辆和非营运转营运车辆，综合性能检验机构无需对此进行查验。

① 储气筒的容量应保证在调压阀调定的最高气压下，且在不继续充气的情况下，机动车在驾驶员连续 5 次踩制动踏板到底的全行程制动后，气压不低于起步气压。

② 采用气压制动的挂车应有一个或多个由牵引车供气的储气筒，并能满足在切断储气筒供气管路情况下，牵引车的行车制动装置做 8 次全行程制动后，挂车储气筒供给工作部件的压力不低于首次制动时压力的 50%。

二、在用道路运输车辆的制动性要求

道路运输车辆多采用气压制动系统，其气密性和起步气压建立时间对道路运输安全非常重要。下述关于系统密封性和起步气压建立时间的要求是对车辆气压制动系统维护及修理的要求，综合性能检验机构无需对此进行检验。

1. 系统密封性

采用气压制动的车辆，当气压升至 600kPa 时，空气压缩机停止运转 3min，其气压降低值应不大于 10kPa。在气压 600kPa 的情况下，空气压缩机停止运转，将制动踏板踩到底，待气压值稳定后观察 3min，单车气压降低值应不大于 20kPa；汽车列车气压降低值不得超过 30kPa。

采用液压制动的车辆，发动机在怠速运转状态下，将制动踏板踩下，保持 550N 的踏板力并持续 1min，踏板不应有向地板移动的现象；采用真空辅助的系统，当残留的真空耗尽且在制动踏板上持续施加 220N（乘用车为 110N）的力，在发动机启动时制动踏板应轻微地下降。

2. 起步气压建立时间

采用气压制动的车辆，发动机在 75% 的额定转速下，车载气压表的指示气压从零升至起步气压的时间，汽车列车不大于 6min，其他车辆不大于 4min。未标起步气压，按 400kPa 计。

3. 台架检验行车制动性能

行车制动性能是汽车最重要的主动安全性能，其优劣程度直接影响行车安全和公共安全，所有道路运输车辆均应符合本要求。

(1) 整车制动率、轴制动率和制动不平衡率

整车制动率是指各车轮的最大行车制动力之和与整车重量（各轴静态轴荷之和）的百分比。

轴制动率是指同轴左、右车轮最大制动力之和与静（动）态轴荷的百分比。

制动不平衡率是指行车制动力增长全过程中，同时刻测取的同轴左、右轮制动力差的最大值与该轴左、右车轮的制动力最大值中大者的百分比；除前轴外，当轴制动率小于60%时，为同时刻测取的同轴左、右轮制动力差的最大值与该轴轴荷的百分比。

整车制动率、轴制动率和制动不平衡率应符合表3-16的要求。

有些车辆的第三转向轴布置在纵向中心线中心位置以前，此轴应视为前轴进行行车制动性能的评价。

在空载和满载状态下，对于 M_1 类乘用车和 N_1 类货车的前、后轴，M_2、M_3 类客车和 N_2、N_3 类货车的前轴，其中制动率均应满足要求。

对于 M_2、M_3 类客车和 N_2、N_3 类货车的后轴，其轴制动率满载时不做要求，空载用平板制动检验台检验时应大于等于35%；总质量大于3500kg的客车，空载用滚筒反力式制动检验台检验时应大于等于40%，用平板制动检验台检验时应大于等于30%。

当轴制动率大于等于该轴轴荷的60%时，不平衡率不大于30%，当轴制动率小于该轴轴荷的60%时，制动不平衡率不大于10%。

全挂车的前、后轴和半挂车的后轴，满载状态下的轴制动率应大于等于45%。

(2) 汽车列车制动时序

汽车列车的制动时序应满足：挂车各轴的制动动作应不滞后于牵引车各轴的制动动作，汽车列车的制动协调时间不大于0.80s。

在用汽车列车的制动时序要求与申请从事道路运输经营的汽车列车制动时序要求相同。除汽车列车以外的所有单车，制动协调时间不做要求，包括路试制动协调时间和台架检验的制动协调时间。

(3) 汽车列车制动力分配

汽车列车制动力的分配应满足：牵引车（挂车）整车制动力与汽车列车整车制动力的比值不应小于牵引车（挂车）质量与汽车列车质量比值的90%，也即：牵引车（挂车）的整车制动率不应小于汽车列车整车制动率的90%。

与申请从事道路运输经营车辆相比，在用汽车列车制动力分配的要求低5%，为90%。

4. 路试检验行车制动性能

当对台架检验结果有质疑或被检车辆无法进行台架检验时，可采用路试检验并以路试检验结果进行评价。由于操作性的问题，汽车列车制动时序和制动力分配不进行路试检验。

路试检验行车制动性能有两种评价方法：一是路试检验制动距离和制动稳定性；二是路试检验充分发出的平均减速度（MFDD）和制动稳定性。两种评价方法任选其一。

路试检验制动距离和制动稳定性应符合表3-17的要求。

表3-17　路试检验制动距离和制动稳定性

车辆类型	制动初速/(km/h)	空载制动距离/m	满载制动距离/m	试验通道宽度[①]/m
M_1 类客车	50	≤19.0	≤20.0	2.5
N_1 类货车	50	≤21.0	≤22.0	2.5
M_2、M_3 类客车，N_2、N_3 类货车(含半挂牵引车)	30	≤9.0	≤10.0	3.0
汽车列车	30	≤9.5	≤10.5	3.0

①制动过程中车辆的任何部位（不计入车宽的部位除外）不超出规定宽度的试验通道的边缘线。

路试检验充分发出的平均减速度（MFDD）和制动稳定性应符合表3-18的要求。

表 3-18 路试检验充分发出的平均减速度 (MFDD) 和制动稳定性

车辆类型	制动初速度 /(km/h)	空载平均减速度 /(m/s²)	满载平均减速度 /(m/s²)	试验通道宽度① /m
M₁ 类客车	50	≥6.2	≥5.9	2.5
N₁ 类货车	50	≥5.8	≥5.4	2.5
M₂、M₃ 类客车，N₂、N₃ 类货车(含半挂牵引车)	30	≥5.4	≥5.0	3.0
汽车列车	30	≥5.0	≥4.5	3.0

①路试制动不得超出试验通道宽度。

5. 驻车制动

驻车制动应能使车辆在任何装载条件和没有驾驶人的情况下保持原位。驾驶人应在座位上就可实现驻车制动。若挂车与牵引车脱离，3500kg 以上的挂车应能产生驻车制动，挂车的驻车制动装置应能由站在地面上的人实施操纵。

台架检验时，在空载状态下，乘坐一名驾驶人，驻车制动力的总和不应小于测取的整车质量的 20%，总质量为整备质量 1.2 倍以下的车辆应不小于 15%，对于由牵引车和挂车组成的汽车列车也应符合此要求。

路试检验时，在空载状态下，驻车制动装置应能保证车辆在坡度为 20%（对总质量为整备质量的 1.2 倍以下的车辆为 15%）的坡道上行和下行两个方向保持静止不动，时间不应少于 5min。

驻车制动性能如符合上述台架检验要求或路试检验要求均为合格。

对在山区、丘陵地带以及坡道较多路段运行的车辆，其驻车制动性能应重点关注。

第五节 排放性要求

对申请从事道路运输车辆的尾气排放要求，依据国家有关机动车尾气排放法规提出。

对于进入流通领域销售的车辆，均已通过尾气排放的审验确认，并予以公告。注册日期在 3 个月以内的新生产车辆，排放性视为合格，综合性能检验机构无需对此进行查验。对于注册日期超过 3 个月的新生产车辆和非营运转营运的车辆，按 GB 18565—2016 规定的在用车辆排放性要求进行检验。

《道路运输车辆综合性能要求和检验方法》（GB 18565—2016）规定，申请从事客、货道路运输车辆的排气污染物排放限值应符合国家相关标准的规定。在用道路运输车辆的排放性要求如下：点燃式发动机，采用双怠速法检测的排气污染物应符合 GB 18285 的要求，采用简易工况法检测的排气污染物应符合各行政区域的限值要求；压燃式发动机，采用自由加速法检测的排气烟度应符合 GB 3847 要求，采用加载减速法检测的排气可见污染物应符合各行政区域的限值要求。

一、汽油车污染物排放限值

《汽油车污染物排放限值及测量方法（双怠速法及简易工况法）》（GB 18285—2018）是对《点燃式发动机汽车排气污染物排放限值及测量方法（双怠速法及简易工况法）》（GB 18285—2005）和《确定点燃式发动机在用汽车简易工况法排气污染物排放限值的原则和方

法》（HJ/T 240—2005）的修订。规定了汽油车双怠速法、稳态工况法、瞬态工况法和简易瞬态工况法排气污染物排放限值及测量方法，同时规定了汽油车外观检验、OBD 检查、燃油蒸发排放控制系统检测的方法和判定依据。

1. 新生产汽车下线

生产企业可根据国家标准要求选择检测方法，排放结果不得超过表 3-19～表 3-22 规定的排放限值。生产企业也可采用其他方法进行排放检测，但应证明其等效性。

单一燃料汽车，仅按燃用单一燃料进行排放检测；两用燃料汽车，要求使用两种燃料分别进行排放检测。

新定型混合动力电动汽车污染物测试应在最大燃料消耗模式下进行，车辆应具备明显可见的最大燃料消耗模式切换开关，方便切换为最大燃料消耗模式，并能在最大燃料消耗模式下正常运行（包括怠速），便于进行排放测试，且开关位置应在汽车使用说明书中明确说明。

2. 注册登记和在用汽车

（1）一般规定

单一燃料汽车，仅按燃用单一燃料进行排放检测；两用燃料汽车，要求使用两种燃料分别进行排放检测。

有手动选择行驶模式功能的混合动力电动汽车应切换到最大燃料消耗模式进行测试，如无最大燃料消耗模式，则应切换到混合动力模式进行测试，若测试过程中发动机自动熄火自动切换到纯电模式，无需中止测试，可进行至测试结束。

（2）双怠速法

按《汽油车污染物排放限值及测量方法（双怠速法及简易工况法）》（GB 18285—2018）附录 A 规定的双怠速法进行检测，其检测结果应小于表 3-19 中规定的排放限值。

排放检验的同时，应进行过量空气系数（λ）的测定。发动机在高怠速转速工况时，λ 应在 1.00 ± 0.05 之间，或者在制造厂规定的范围内。

表 3-19　双怠速法检验排气污染物排放限值

类别	怠速		高怠速	
	CO/%	HC[①]/$\times10^{-6}$	CO/%	HC[①]/$\times10^{-6}$
限值 a	0.6	80	0.3	50
限值 b	0.4	40	0.3	30

①对以天然气为燃料的点燃式发动机汽车，该项目为推荐性要求。

怠速工况指发动机无负载运转状态，即离合器处于接合位置、变速器处于空挡位置（对于自动变速箱的车应处于"停车"或"P"挡位）。采用化油器供油系统的车，阻风门应处于全开位置；油门踏板处于完全松开位置。高怠速工况指满足上述（除最后一项）条件，用油门踏板将发动机转速稳定控制在 50% 额定转速或制造厂技术文件中规定的高怠速转速时的工况。标准中将轻型汽车的高怠速转速规定为（2500±100）r/min，重型车的高怠速转速规定为（1800±100）r/min；如有特殊规定的，按照制造厂技术文件中规定的高怠速转速。

（3）稳态工况法

按《汽油车污染物排放限值及测量方法（双怠速法及简易工况法）》（GB 18285—2018）附录 B 规定的稳态工况法进行检测，其检测结果应小于表 3-20 规定的排放限值。应同时进行过量空气系数（λ）的测定。

表 3-20 稳态工况法排气污染物排放限值

类别	ASM5025			ASM2540		
	CO/%	HC[①]/$\times 10^{-6}$	NO/$\times 10^{-6}$	CO/%	HC[①]/$\times 10^{-6}$	NO/$\times 10^{-6}$
限值 a	0.50	90	700	0.40	80	650
限值 b	0.35	47	420	0.30	44	390

①对于以天然气为燃料的点燃式发动机汽车，该项目为推荐性要求。

(4) 瞬态工况法

按《汽油车污染物排放限值及测量方法（双怠速法及简易工况法）》（GB 18285—2018）附录 C 规定的瞬态工况法进行检测，其检测结果应小于表 3-21 规定的排放限值。应同时进行过量空气系数（λ）的测定。

表 3-21 瞬态工况法排气污染物排放限值

类别	CO/(g/km)	HC+NO$_x$/(g/km)
限值 a	3.5	1.5
限值 b	2.8	1.2

(5) 简易瞬态工况法

按《汽油车污染物排放限值及测量方法（双怠速法及简易工况法）》（GB 18285—2018）附录 D 规定的简易瞬态工况法进行检测，其检测结果应小于表 3-22 规定的排放限值。应同时进行过量空气系数（λ）的测定。

表 3-22 简易瞬态工况法排气污染物排放限值

类别	CO/(g/km)	HC[①]/(g/km)	NO$_x$/(g/km)
限值 a	8.0	1.6	1.3
限值 b	5.0	1.0	0.7

①对于装用以天然气为燃料点燃式发动机汽车，该项目为推荐性要求。

3. 结果判定

① 如果检测结果中任何一项污染物不满足限值要求，则判定车辆排放检验不合格。

如果双怠速法过量空气系数不在 1.00±0.05 之间且超出制造厂规定的范围，也判定车辆排放检验结果不合格。

② 2011 年 7 月 1 日以后生产的轻型汽车，以及 2013 年 7 月 1 日以后生产的重型汽车，如果 OBD 检查不合格时，则判定排放检验结果不合格。

③ 检验完毕后，应签发机动车环保检验报告。

④ 排放检验过程中，禁止使用降低排放控制装置功效的失效策略，所有针对污染控制装置的篡改都属于排放检验不合格。

⑤ 自本标准实施之日起，在用汽车的排放检验（包括定期排放检验和监督抽测）应符合本标准要求。

⑥ 在用汽车排气污染物检测应符合本标准规定的限值 a。对于汽车保有量达到 500 万辆以上，或机动车排放污染物为当地首要空气污染源，或按照法律法规设置低排放控制区的城市，应在充分征求社会各方面意见基础上，经省级人民政府批准和国务院生态环境主管部门备案后，可提前选用限值 b，但应设置足够的实施过渡期。

⑦ 同一省内原则上应采用同一种检测方法。采用本标准规定的不同方法的检测结果各地应予互认。跨地区检测的，如车辆登记地或检测地中有执行限值 b 的，则应符合限值 b 要求，测量方法允许按照检测地规定的测量方法进行。

二、柴油车污染物排放限值

《柴油车污染物排放限值及测量方法（自由加速法及加载减速法）》（GB 3847—2018）是对《车用压燃式发动机和压燃式发动机汽车排气烟度排放限值及测量方法》（GB 3847—2005）和《确定压燃式发动机在用汽车加载减速法排气烟度排放限值的原则和方法》（HJ/T 241—2005）的修订。规定了柴油车自由加速法和加载减速法排气污染物排放限值及测量方法、柴油车外观检验、OBD 检查的方法和判定依据。适用于新生产柴油汽车下线检验、注册登记检验和在用汽车检验。也适用于其他装用压燃式发动机的汽车。不适用于低速货车和三轮汽车。

1. 新生产汽车下线

按照规定进行下线车辆排放抽测。排放结果应小于表 3-23 规定的排放限值。生产企业也可采用其他方法进行排放检测，但应证明其等效性。

新定型混合动力汽车污染物测试应在最大燃料模式下进行，车辆应具备明显可见的最大燃料消耗模式切换开关，方便切换为最大燃料消耗模式，并能在最大燃料消耗模式下正常运行（包括怠速），便于进行排放测试，且开关位置应在汽车使用说明书中明确说明。

2. 注册登记和在用汽车

有手动选择行驶模式功能的混合动力电动汽车应切换到最大燃料消耗模式进行测试，如无最大燃料消耗模式，则切换到混合动力模式进行测试，在测试时若发动机自动熄火自动切换到纯电模式，无需中止测试，可进行至测试结束。

应按照《柴油车污染物排放限值及测量方法（自由加速法及加载减速法）》（GB 3847—2018）附录 A 或附录 B 规定的方法进行检测，其检测结果应小于表 3-23 规定的排放限值。

表 3-23　在用汽车和注册登记排放检验排放限值

类别	自由加速法	加载减速法		林格曼黑度法
	光吸收系数（m^{-1}）或不透光度（%）	光吸收系数（m^{-1}）或不透光度（%）[①]	氮氧化物[②]/$\times 10^{-6}$	林格曼黑度（级）
限值 a	1.2(40)	1.2(40)	1500	1
限值 b	0.7(26)	0.7(26)	900	

①海拔高度高于 1500m 的地区加载减速法可以按照每增加 1000m 增加 $0.25m^{-1}$ 幅度调整，总调整不得超过 0.75m。
②2020 年 7 月 1 日前限值 b 过渡限值为 1200×10^{-6}。

3. 结果判定

① 如果污染物检测结果中有任何一项不满足限值要求，则判定排放检验不合格。

② 车辆排放有明显可见烟度或烟度值超过林格曼 1 级，则判定排放检验不合格。

③ 加载减速法功率扫描过程中，经修正的轮边功率测量结果不得低于制造厂规定的发动机额定功率的 40%，否则判定为检验结果不合格。

④ 对于 2018 年 1 月 1 日以后生产车辆，如果 OBD 检验不合格，也判定排放检验不

合格。

⑤ 检验完毕后，应签发机动车环保检验报告。

⑥ 禁止使用降低排放控制装置功效的失效策略。所有针对污染控制装置的篡改都属于排放检验不合格。

第六节　操纵稳定性要求

一、申请从事道路运输车辆的行驶稳定性要求

1. 客车

在满载条件下沿特定曲线匀速行驶，当车辆重心处的最大向心加速度达到 $0.4g$ 的稳定状态时，车辆不发生侧翻或侧滑。按 JT/T 884 规定的方法进行试验。

2. 货车

N_2、N_3 类货车满载条件下沿特定曲线匀速行驶，车辆重心处的向心加速度达到 $0.35g$ 时，车辆不发生侧翻或侧滑，危险货物运输专用车辆以及罐式车辆应达到 $0.4g$。按 JT/T 884 规定的方法进行试验。

半挂牵引车在空载、水平静止条件下，向左侧和右侧的最大侧倾稳定角不应小于 35°。最大侧倾稳定角的测量方法按 GB/T 14172 规定的汽车静侧翻稳定性台架试验方法进行。

O_3、O_4 类挂车满载时同一车轴轮胎接地点外侧间距与重心高度的比值应不小于 0.9。

二、在用道路运输车辆的转向操纵性和悬架特性要求

1. 转向轮横向侧滑量

转向桥采用非独立悬架的车辆，其转向轮（含双转向桥的转向轮）的横向侧滑量应在 ±5m/km 范围内。

转向桥采用独立悬架的车辆，其转向轮侧滑量不做评价。转向桥采用非独立悬架的车辆，如采用双转向桥，第一转向桥和第二转向桥的转向轮横向侧滑量均需评价。

2. 方向盘最大自由转动量

最高设计车速不小于 100km/h 的道路运输车辆，其方向盘的最大自由转动量不大于 15°，其他道路运输车辆不大于 25°。

方向盘最大自由转动量是静止状态下，左转转向轮至转向轮即将动作的瞬间作为起点，再右转转向轮至转向轮即将动作的瞬间作为止点，起点和止点形成的转角。

3. 悬架特性要求

设计车速不小于 100km/h，轴质量不大于 1500kg 的载客汽车，其轮胎在激励振动条件下测得的悬架吸收率应不小于 40%，同轴左、右轮悬架吸收率之差不得大于 15%。

设计车速小于 100km/h 或轴质量大于 1500kg 的载客汽车，不适用于本条款。悬架特性采用吸收率评价，不再采用悬架效率作为评价指标。也就是说，不再采用平板式制动检验台进行悬架特性的检验。

第七节　其他要求

一、前照灯远光发光强度、远光光束和近光光束照射位置

1. 前照灯远光发光强度

前照灯远光发光强度的最小限值见表 3-24。

表 3-24　前照灯远光发光强度最小限值

道路运输车辆	两灯制/cd	四灯制①/cd
最大设计车速≥70km/h 的车辆	≥15000	≥12000

①四灯制是指前照灯具有 4 个远光光束。采用四灯制的车辆其中两个对称灯达到两灯制的要求时视为合格。

远光发光强度的要求适用于最大设计车速不小于 70km/h 的车辆。

根据《汽车和挂车外部照明和灯光信号装置的安装规定》（GB 4785—2007）第 2 号修改单，远光总发光强度的要求修改为：同时打开各前照灯，其总的最大远光发光强度应不超过 430000cd。

2. 前照灯光束照射位置

前照灯照射在距离 10m 的屏幕上时的位置应符合表 3-25 的要求。

表 3-25　前照灯光束照射位置

车辆类型	近光光束		远光光束①	
	明暗截止线转角或中点高度	水平方向位置/mm	光束中心离地高度	水平方向位置/mm
M₁ 类乘用车	0.7H～0.9H	左偏≤170	0.85H～0.95H②	左灯左偏≤170 左灯右偏≤350
其他车辆	0.6H～0.8H	右偏≤350	0.8H～0.95H	右灯左偏≤350 右灯右偏≤350

①能单独调整远光光束且不影响近光光束照射角度的前照灯。
②不得低于前照灯近光光束明暗截止线转角或中点的高度。
注：H 表示前照灯基准中心高度，单位为 mm。

《道路运输车辆综合性能要求和检验方法》（GB 18565—2016）关于前照灯的要求是引用《机动车运行安全技术条件》（GB 7258—2012）的内容。GB 7258—2012 最新版本《机动车运行安全技术条件》（GB 7258—2017）规定，汽车前照灯远近光光束照射位置应满足如下要求。

① 在空载车状态下，汽车前照灯近光光束照射在距离 10m 的屏幕上，近光光束明暗截止线转角或中点的垂直方向位置，对近光光束透光面中心（基准中心）高度小于等于 1000mm 的机动车，应不高于近光光束透光面中心所在水平面以下 50mm 的直线且不低于近光光束透光面中心所在水平面以下 300mm 的直线；对近光光束透光面中心高度大于 1000mm 的机动车，应不高于近光光束透光面中心所在水平面以下 100mm 的直线且不低于近光光束透光面中心所在水平面以下 350mm 的直线。除装用一个前照灯的三轮汽车和摩托车外，前照灯近光光束明暗截止线转角或中点的水平方向位置，与近光光束透光面中心所在

处置面相比，向左偏移应小于等于 170mm，向右偏移应小于等于 350mm。

② 在空载车状态下，对于能单独调整远光光束的汽车前照灯，前照灯远光光束照射在距离 10m 的屏幕上，其发光强度最大点的垂直方向位置，应不高于远光光束透光面中心所在水平面（高度值为 H）以上 100mm 的直线且不低于远光光束透光面中心所在水平面以下 $0.2H$ 的直线。除装用一个前照灯的三轮汽车和摩托车外，前照灯远光发光强度最大点的水平位置，与远光光束透光面中心所在垂直面相比，左灯向左偏移应小于等于 170mm 且向右偏移应小于等于 350mm，右灯向左和向右偏移均应小于等于 350mm。

二、车速表示值误差

车速表指示车速与实际车速间应符合式(3-14)。

$$0 \leqslant v_1 - v_2 \leqslant \frac{v_2}{10} + 4 \tag{3-14}$$

式中　v_1——车速表指示车速，km/h；

　　　v_2——实际车速，km/h。

三、车轮阻滞率

各车轮的阻滞力不大于静态轴荷的 3.5%。

车轮阻滞力过大时汽车制动器常见的故障，一般是更换车轮轴承、制动摩擦材料或间隙调整不当所致。过大的车轮阻滞力会使车辆行驶阻力增加，在制动时产生"拖刹"，不利于节能、环保和运行安全。

四、喇叭

喇叭应能发出连续、均匀的声响，声压级应为 90～115dB（A）。

第四章 道路运输车辆检验仪器设备

第一节 底盘测功机

一、设备要求

《道路运输车辆综合性能要求和检验方法》（GB 18565—2016）规定了动力性检验设备的要求。符合以下要求的底盘测功机才能用于动力性检验。

① 应采用符合 JT/T 445 要求的底盘测功机进行检验，并装双驱动轴车辆的检验采用三轴六滚筒式底盘测功机。

现行的《汽车底盘测功机》（JT/T 445—2008）规定了汽车底盘测功机的术语和定义、分类、型号、功能、技术要求、试验方法、检验规则以及标志、包装、运输和储存，适用于以电涡流机为功率吸收装置的多轴滚筒式汽车底盘测功机（以下简称底盘测功机），其他型式的底盘测功机可参照执行。

JT/T 445—2008 规定的动力性检测用轻型底盘测功机与 HJ/T 290—2006、HJ/T 291—2006 规定的环保排放用轻型底盘测功机是相互兼容的，只是需要注意动力性检测时的功率吸收能力是否能满足最大功率检测需要。

② 底盘测功机应能根据环境温度、湿度、气压等参数计算功率校正系数，且能根据登录车辆参数和信息，计算测功机的加载力并进行恒力加载。

因为动力性检测需要查询并登录较多的车辆参数信息，并参与控制和计算，所以建立测量环境温度、湿度、气压等参数的气象站，计算机控制系统应能实时采集环境参数并计算功率校正系数。

③ 底盘测功机的静态力示值误差为±1.0%，恒力控制误差为±20N，车速示值误差为±0.2km/h 或±1.0%。

影响底盘测功机性能的因素较多，比如有底盘测功机台架的加工精度和装配质量、底盘测功机测控软件的控制策略。

④ 底盘测功机应能显示功率吸收装置的瞬时加载力和曲线以及瞬时车速和曲线，并能通过外部显示设备提示操作。

⑤ 已知底盘测功机台架转动件的基本惯性质量。

⑥ 滚筒上的母线应保持水平，各滚筒两端点间的高度差应不大于±5mm。

二、底盘测功机的作用与分类

1. 底盘测功机的作用

底盘测功机是通过车辆驱动轮驱动滚筒旋转来替代路面试验的一种动力性能指标室内台

架试验设备，它可对驱动轮模拟加载各种工况下的道路行驶阻力，从而完成不同速度下驱动轮输出功率的测量。目前，已被广泛应用于机动车定型试验和研究、综合性能检验机构中的驱动轮输出功率、加速性能、滑行性能、最高车速、爬坡性能等动力性指标试验，也可直接检验机动车车速表和里程表的准确性；工况法环保排放检验和燃油经济性检验中，用于道路阻力模拟加载。

底盘测功机直接测量的指标有两个：滚筒表面线速度（km/h）、滚筒表面加载力（N）。

综合性能检验机构动力性检验用底盘测功机产品制造执行标准：《汽车底盘测功机》（JT/T 445—2008）。

机动车环保排放工况法检测用底盘测功机产品制造执行标准：《汽油车稳态工况法排气污染物测量设备技术要求》（HJ/T 291—2006）、《汽油车简易瞬态工况法排气污染物测量设备技术要求》（HJ/T 290—2006）、《柴油车加载减速工况法排气烟度测量设备技术要求》（HJ/T 292—2006）。

2.底盘测功机的分类

按轴承载重量不同，底盘测功机一般可分为 3t、10t、13t 三类。

按滚筒轴数不同，底盘测功机可分为单转毂式、两轴四滚筒式、三轴六滚筒式。单转毂式底盘测功机滚筒直径大、测试精度高，一般用于科研试验；两轴四滚筒式用于单桥驱动车辆；三轴六滚筒式用于双桥并装驱动车辆的试验。

三、底盘测功机的结构

如图 4-1 所示为两轴四滚筒式轻型底盘测功机（3t）结构示意。

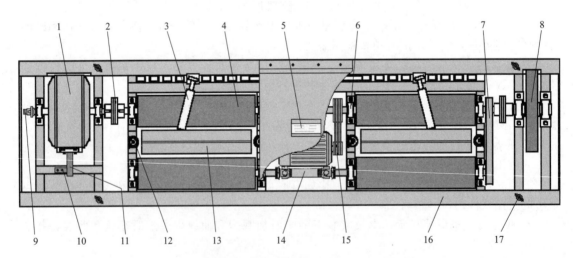

图 4-1　两轴四滚筒式轻型底盘测功机（3t）结构示意

1—功率吸收装置（电涡流测功机）；2—联轴器；3—手动挡轮；4—滚筒；5—产品铭牌及中间盖板；
6—滚筒轴承；7—同步带及同步轮；8—飞轮；9—速度传感器；10—扭力传感器；
11—力臂；12—轮胎挡轮；13—气囊举升器；14—万向联轴器；
15—反拖电动机及传动带；16—框架；17—起重吊环

HJ/T 290—2006 和 HJ/T 291—2006 主要技术参数要求如下。

1. 滚筒直径要求

简易稳态工况法（ASM）及简易瞬态工况法（VMAS）用于测量总质量为 3500kg 以下的 M、N 类车辆，按 HJ/T 290—2006 和 HJ/T 291—2006 要求，底盘测功机滚筒直径要求在 200～530mm 之间，但 ASM 工况法功率加载模型是按 218mm 直径为例给出的；HJ/T 292—2006 对轻型压燃式发动机汽车的加载减速法测量用测功机，滚筒直径要求为（216±2）mm，因此为兼顾点燃式发动机及压燃式发动机汽车工况法检测需要，一般滚筒直径都选在 216～218mm 之间。

2. 滚筒中心距要求

轻型测功机的滚筒中心距按式(4-1) 计算，允许误差为−6.4～12.7mm。

$$A = (620 + D)\sin 31.5 \tag{4-1}$$

式中　A——滚筒中心距，mm；

　　　D——滚筒直径，mm。

3. 前后滚筒同步性要求

前后滚筒要求转速比为 1∶1，一般均采用左右滚筒用联轴器直接相连，前后滚筒用同步带相连，以保证各滚筒的同步性。

4. 基本惯量

底盘测功机基本惯量是底盘测功机所有旋转部件所产生的当量惯量，当量惯量是惯量模拟装置模拟汽车行驶中的平动和转动动能时所相当的汽车质量。

底盘测功机的基本惯量（名牌标称值）要求为（907.2±18.1)kg。

5. 反拖标定装置

驱动电动机的功能是驱动滚筒转动，在功率吸收装置未加载时，底盘测功机的驱动电动机至少应具有把滚筒线速度提高到 96km/h 以上的能力，并可在该速度下维持 3s。底盘测功机通过变频调速控制器实现其旋转速度控制。

一般情况下，驱动电动机采用 7.5kW 左右的三相电动机。用传动带与主滚筒相连。

驱动电动机在底盘测功机空载时使用，它的作用主要如下。

① 内部损耗功率测量（或称寄生功率）：电动机驱动测功机滚筒到要求的速度后开始滑行，通过滑行时间计算测功机内部各速度点下的阻力及消耗功率。

② 测试前的预热：按厂商说明书给出的要求，驱动测功机所有旋转部件，进行测试前的预热。

③ 动态参数测试：各种动态参数在测量与标定时，需要把底盘测功机滚筒线速度提升到规定速度后开始进行，如基本惯量测试、加载准确性测试等。

6. 功率吸收装置

功率吸收装置是用于吸收作用在底盘测功机主滚筒上的受检车辆驱动轮输出功率的器件。一般都装配风冷式电涡流机。由电气控制系统自动调节控制电流，以实现对涡流机吸收扭矩的调节控制。

ASM、VMAS工况法测量用底盘测功机，功率吸收装置的吸收功率范围应能够在车速大于或等于 22.5km/h 时，稳定吸收至少 15.0kW 的功率持续 5min 以上，并能够连续进行至少 10 次试验，两次试验之间的时间间隔为 3min。

Lug Down 加载减速法测量用轻型底盘测功机，功率吸收装置的吸收功率范围应能够在车速大于或等于 70.0km/h 时，稳定吸收至少 25.0kW 的功率持续 5min 以上，并能够连续进行至少 8 次试验，两次试验之间的时间间隔为 3min。紧接着，在测试车速不变的情况下，持续稳定吸收至少 56kW 的功率 5min 以上，并能够连续进行至少两次试验，两次试验之间的时间间隔为 3min。

7. 承载质量

用于轻型车检测的底盘测功机应能测试最大单轴轴荷为 2750kg 的车辆。

8. 最大车速

底盘测功机最大测试车速不低于 130km/h。

四、底盘测功机的工作原理

底盘测功机利用功率吸收装置（电涡流机）来模拟各工况中需加载的不同负载。检测过程中，驱动轮的转速由安装在滚筒轴上的测速传感器测量；驱动轮的输出力矩（或功率）由安装在功率吸收装置定子上的测力传感器测量。控制系统按照检测方法的要求，根据测力和测速传感器反馈的信息，调整功率吸收装置控制电流的大小，进而来调节和控制所模拟的不同负载，由主控计算机进行数据处理和结果判定以达到汽车动力性检测的目的。

1. 功率测量

在平坦路面上行驶的汽车，发动机输出的有效功率在克服了汽车底盘传动系统阻力后输出到驱动轮，驱动轮输出功率用以克服车辆路面行驶时的车轮滚动阻力、惯性阻力和迎风阻力；测功机利用滚筒代替路面，驱动轮上的相应负载用电涡流测功器来模拟，惯性阻力用飞轮进行模拟。汽车的车速 v、驱动力 F 与驱动轮输出功率 P 的关系可用式(4-2)表示。

$$P = \frac{Fv}{3600} \tag{4-2}$$

式中　P——输出功率，kW；

　　　F——驱动力，N；

　　　v——车速，km/h。

从式(4-2)可见，只要同时测出 F 和 v 即可计算出功率 P。

2. 速度测量

汽车车轮驱动滚筒转动时，滚筒轴上的速度传感器将滚筒的转速变换成相应频率的脉冲，根据输出脉冲频率计算汽车的速度 [式(4-3)]。

$$v = 0.377nr \tag{4-3}$$

式中　v——车速，km/h；

　　　n——主滚筒转速，r/min；

　　　r——滚筒半径，m。

3.驱动力测量

当汽车车轮驱动滚筒转动时，带动电涡流测功器转子（感应子）转动，感应子被拖动旋转时出现涡流，该涡流与它产生的磁场相作用，从而产生反向制动力矩，该力矩作用到测力传感器上，使传感器受拉产生电信号，该信号的大小与车轮驱动力成正比，经处理后可显示出汽车车轮驱动力。控制定子励磁电流大小，可改变测功器吸收功率和制动力矩的大小，以实现汽车不同工况下的测量。

在标定时，假设标定力作用点到主滚筒中心的水平距离为 L（m），滚筒半径为 r（m），则换算到滚筒表面力 F（N）按式（4-4）计算如下。

$$F = \frac{L}{r} F_b \tag{4-4}$$

式中　F_b——在标定力作用点加载的标准力。

第二节　燃料消耗量测量仪器

汽车的燃油消耗量是由油耗仪来测量的。油耗仪由油耗传感器和显示装置构成。常用的油耗仪有容积式油耗仪、质量式油耗仪、碳平衡油耗仪等。

一、容积式油耗仪

容积式油耗仪的工作原理是使被测流体充满一定容量的测量室，通过充满测量室的次数则可得出被测流体的总量，再除以测定时间间隔或行驶里程即可得平均燃料消耗量。

容积式油耗仪分为定容式和容量式两种。定容式油耗仪主要用于汽油发动机的台架试验。它通过测量消耗一定容积的燃料所需时间来计算燃料消耗量，不能用于瞬时油耗的测量。

容积式油耗仪可以进行连续测量，按结构分为多种：膜片式、往复活塞式和四活塞联动式等。膜片式油耗仪具有结构简单、密封性好、对燃料清洁性要求低的优点，但使用中膜片产生塑性变形不可避免，因而需要经常校准。往复活塞式油耗仪的密封和排气不易解决，目前使用较少。四活塞联动式油耗仪具有结构紧凑、布置对称、计量精度高、适合道路试验的优点，目前主要采用这种结构，但该结构设备成本高，对燃料的清洁性要求高。如图 4-2 所示为四活塞联动式油耗仪的组成结构，它由滤清排气装置、四活塞联动式油耗传感器、路程传感器、油耗测量仪表和快速连接接头等组成。

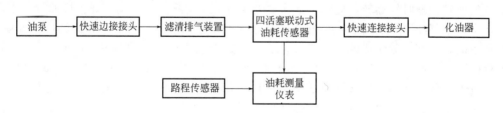

图 4-2　四活塞联动式油耗仪的组成结构

1.滤清排气装置

为保护流量传感器，燃料在进入流量传感器前必须进行滤清，滤清器滤芯用陶土制成，滤芯中心的磁环可增强燃料中金属杂质的滤清效果。排气机构主要由浮子室、浮子及排气阀组成，它与滤清排气装置装在一起，其结构如图4-3所示。浮子室的作用是将油泵输出的脉动压力变成均匀压力，并使燃料在浮子室中有缓冲停留时间，使油、气更好地分离，提高计量精度。

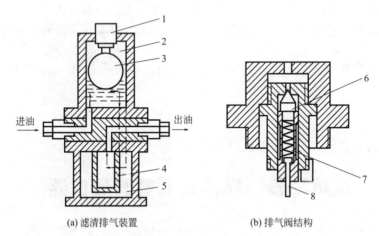

(a) 滤清排气装置　　　　　　(b) 排气阀结构

图 4-3　四活塞联动式油耗仪的滤清排气装置的结构

1—排气阀；2—油气分离器；3—浮子；4—滤芯；5—滤清室；6—针阀；7—弹簧；8—挺杆

当浮子随液面升高时，首先通过挺杆压缩弹簧，再由弹簧推动针阀上升，使针阀关闭阀孔，浮子在浮力作用下将继续上升压缩弹簧，直到浮子的浮力和针阀重力及弹簧反力平衡时，液面保持在一定高度。当气体进入浮子室时，液面下降，浮子靠自重下降，首先使压缩弹簧伸张，但此时阀门尚未打开，只有当气体占有的容积使液面降低到使压缩弹簧张力小于针阀自重时，针阀才打开，这样就使气体在浮子室中有一定的存储容积，保证了缓冲排气的作用，并使针阀开启次数大大减少。

2. 行星活塞式油耗传感器

如图4-4所示为行星活塞式油耗传感器的流量变换结构的工作原理。该装置由十字形配置的4个活塞和旋转曲轴构成，用于将一定容积的燃料流量转变为曲轴的旋转。

在泵油压力作用下，燃料推动活塞往复运动，4个活塞往复运动一次则曲轴旋转一周，完成一个进排油循环。活塞在油缸中处于进油行程还是排油行程，取决于活塞相对于进、排油口的位置。图4-4(a) 表示活塞1处于进油行程，来自曲轴箱的燃料在P_3推动下使其下行，并使曲轴做顺时针旋转。此时，活塞2处于排油行程终了，活塞4处于排油行程中，燃料从活塞4上部经P_1从排油口E_1排出，活塞5处于进油终了。当活塞和曲轴位置如图4-4(b) 所示时，活塞1处于进油行程终了，活塞2处于进油行程，油道P_4导通，活塞4处于排油行程终了，活塞5处于排油行程，燃料从油道P_2经排油口E_2排出。图4-4(c) 和图4-4(d) 的进排油状态及曲轴旋转方向如图4-4中箭头所示。如此循环往复，曲轴每旋转一周，各缸分别泵油一次，从而具有连续定容量泵油的作用。曲轴旋轴一周的泵油量为

$$V = 2h\pi d^2 \tag{4-5}$$

式中　V——四缸排油量，cm^3；

$\quad\quad h$——曲轴偏心距，cm；

$\quad\quad d$——活塞直径，cm。

由式(4-5)可知，经过上述流量变换机构的转换后，测量燃料消耗量转化为测量流量变

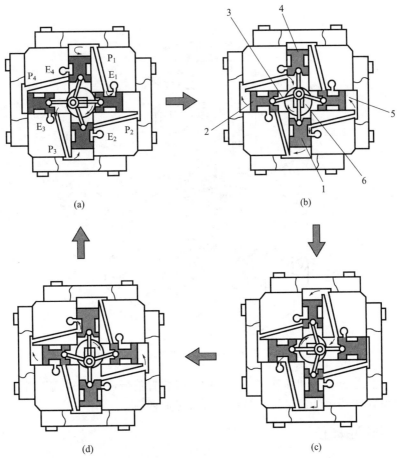

图 4-4　行星活塞式油耗传感器的流量变换结构的工作原理
1,2,4,5—活塞；3—连杆；6—曲轴；$P_1 \sim P_4$—油道；$E_1 \sim E_4$—排油口

换结构曲轴的旋转圈数。这可由安装在曲轴一端的信号转换装置完成。一般采用光电测量装置进行信号转换，把曲轴旋转圈数转化为电脉冲信号。

3. 信号转换装置

如图 4-5 所示，信号转换装置由主动磁铁、从动磁铁、转轴、光栅、发光二极管和光敏管等组成。主动磁铁装在曲轴端部，从动磁铁装在转轴端部，两磁铁相对安装但磁铁之间留有间隙，目的是构成磁性联轴器。光栅固定在转轴上，由转轴带动旋转，光栅两侧装有发光二极管和光敏管，光敏管用于接收发光二极管发出的光线。光栅位于两者之间，其作用是把发光二极管发出的连续光线转变为光脉冲。曲轴转动时，通过磁性联轴器带动转轴和光栅旋转，光栅在发光二极管和光敏管之间旋转，使光敏管接收到光脉冲，由光敏管的光电作用将光脉冲转换为电脉冲信号输入测量显示仪表，该电脉冲数与曲轴转过的圈数成正比。

4. 油耗测量仪表

油耗测量仪表使用单片机作为控制单元，硬件电路包括流量传感器信号的隔离整形电路、路程传感器信号的测量电路、单片机及外围电路、键盘及 LED 显示电路、串口通信电

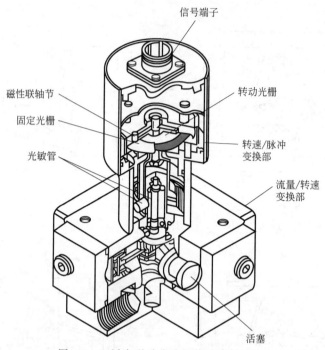

信号端子

磁性联轴节

固定光栅

光敏管

转动光栅

转速/脉冲
变换部

流量/转速
变换部

活塞

图 4-5　四活塞联动式油耗传感器的结构

路等。通过流量传感器信号和油耗测量仪表的定时装置信号可计算得到燃料消耗量，通过流量传感器信号和路程传感器信号可计算得到百公里油耗值。

二、质量式油耗仪

质量法是采用质量式油耗仪进行测试，通过测量消耗一定质量燃料所经历的时间，由式(4-6) 计算得到燃料消耗量。

$$Q_t = 3.6\,\frac{G}{t} \tag{4-6}$$

式中　Q_t——燃料消耗量，g；

t——消耗质量为 G 的燃料所经历的时间，s。

质量式油耗仪由称量装置、计数装置和控制装置构成，如图 4-6 所示。

称量装置的秤盘上装有油杯 1，燃料经电磁阀 3 加入油杯。电磁阀的开闭由装在平衡块上的行程限位器 8 拨动两个微型限位开关 6 和 7 进行控制。光电传感器由两个光电二极管 5、10 和装在菱形指针上的光源 9 组成，用于给出油耗始点和终点信号。光电二极管 5 为固定式，光电二极管 10 装在活动滑块上，滑块通过齿轮齿条机构移动，齿轮轴与鼓轮 12 相连，计量的燃料量通过转动鼓轮 12 从刻度盘上读出。计量开始时，光源 9 的光束射在光电二极管 5 上，光电二极管发出信号使计数器 13 开始计数，随着油杯中燃料的消耗，指针移动。当光束射到光电二极管 10 上时，光电二极管 10 发出信号，使计数器停止计数。

质量式油耗仪不仅能精确测量平均燃料消耗量，而且能够实时输出瞬态燃料消耗量。

三、碳平衡油耗仪

碳平衡油耗仪主要采用不分光红外分析平台测量汽油或柴油车的排气浓度，采用流量计

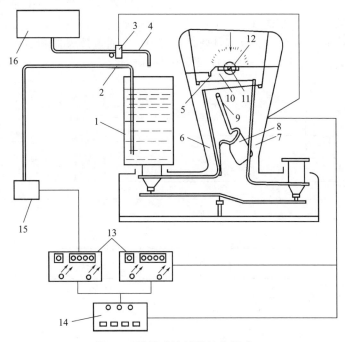

图 4-6　质量式油耗仪结构组成

1—油杯；2—出油管；3—电磁阀；4—加油管；5,10—光电二极管；6,7—微型限位开关；8—行程限位器；
9—光源；11—鼓轮机构；12—鼓轮；13—计数器；14—控制装置；15—发动机；16—燃油箱

测量稀释后总流量，再根据温度、湿度和压力修正后准确地计算碳的排放量，从而获得车辆的燃油消耗量。碳平衡油耗仪测量系统如图 4-7 所示。

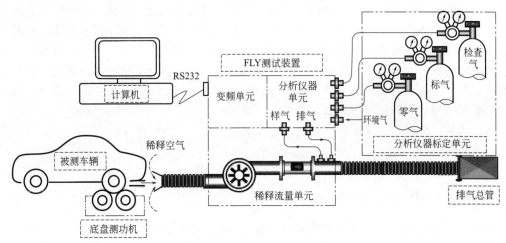

图 4-7　碳平衡油耗仪测量系统

　　不分光红外法是利用某些非对称气体分子，如 HC、CO_2、CO 气体分别对 $3.4\mu m$、$4.3\mu m$、$4.6\mu m$ 的红外光有特定的吸收峰，而且其吸收率与气体的浓度之间的关系符合比尔-朗伯定律，测量其吸收率就可以计算出气体浓度。

　　红外平台结构如图 4-8 所示。由 CPU 控制 I/O（入/出）口，脉冲式对红外光源进行供电，经调制的红外光入射气室，流经气室的敏感气体将吸收特征波长的红外光，从而使入射到红外检测器的能量减少，HC、CO_2 和 CO 通道的红外检测器与参比通道的红外检测器的输出信号进行比较，从而获得 HC、CO_2 和 CO 通道透过率的变化量，根据透过率的变化量就能够计算出气体的浓度值。平台信号处理板带有 O_2 通道放大器和 NO 通道放大器，配上 O_2 和 NO 电化学传感器就能够测量 O_2 及 NO 气体浓度。

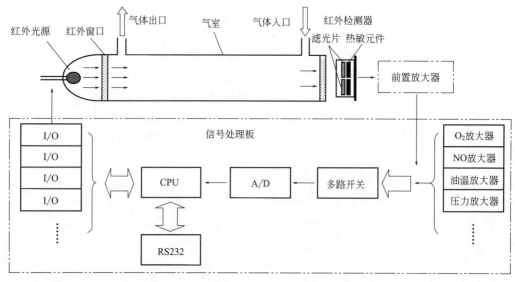

图 4-8　红外平台结构

第三节　制动检验仪器设备

制动检验台是用来检验制动性能的设备，常见的分类方法有：按测试原理不同，可分为反力式和惯性式两类；按检验台支撑车轮形式不同，可分为滚筒式和平板式两类；按检测参数不同，可分为测制动力式、测制动距离式、测制动减速度式和综合式四种；按检验台的测量、指示装置、传递信号方式不同，可分为机械式、液力式和电气式三类。目前国内机动车检测站所用制动检验设备多为反力式滚筒制动检验台和平板式制动检验台。按允许承载轴荷，一般可将制动检验台分为 3t、10t、13t 三种。

滚筒式制动检验台通常配合轴（轮）重仪使用。

一、轴（轮）重仪

1. 轴（轮）重仪的作用和分类

轴（轮）重仪用于分别测定车辆各轴（轮）的垂直载荷，提供在汽车制动检测时计算各轴及整车的制动效能时所需的轴荷数据。

从原理上看，轴（轮）重仪可以分为机械式和电子式两类。机械式是一种传统的形式，它是依据杠杆原理制成的，因功能简单、精度较低、不便于联网，目前已很少使用。电子式轴（轮）重仪多配有智能化仪表，因其功能强、精度高，目前已获得广泛应用。

按允许承载轴荷，一般可将轴（轮）仪分为 3t、10t、13t 三种。

摩托车轴（轮）重仪按适用车型分为全车型轴（轮）仪和两轮轴（轮）重仪。

2. 轴（轮）重仪的结构

电子式轴（轮）重仪可分为轴重仪和轮重仪。

轴重仪是整个承重台面为一个刚性连接整体，左右车轮停在同一台面上直接测取轴荷；轮重仪分左、右两块相互独立的承重板，通过测取左、右轮重计算轴荷，测试精度较高。为更好地评价机动车的制动性能，尽可能采用能分别测量和显示左、右车轮轮荷的轮重仪。

轴（轮）重仪主要由框架、承重台面及电子仪表组成（图4-9）。能独立测量和显示左、右车轮的轮重仪具有两个承重台面，分别安装在左、右框架内；而电子仪表则主要起显示作用。

承重台面四角分别固定4个压力应变传感器。当传感器受到压力时，电阻应变片的阻值发生变化，从而能够输出一个与所受压力成正比的电压信号。

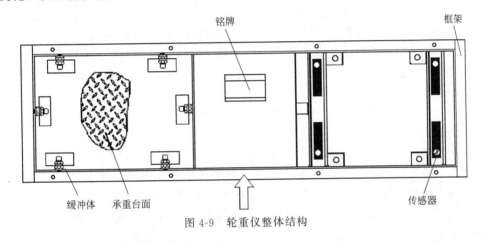

图 4-9　轮重仪整体结构

3. 轴（轮）重仪的测量原理

无论轴（轮）重仪结构如何，都必须满足以下两个基本条件：第一，所有传感器承受的总重量都应与被测轴重相适应；第二，在允许使用的范围内，测量结果应与车轮在承载板上停放的位置无关。

设轴重仪为 W，其重心位于台面上任意一点 M，4 个传感器将会受到大小不等的压力。根据力学常识不难理解，这 4 个力的大小比例与 M 点的位置有关。但是 4 个传感器的支撑力之和必定等于轴重仪 W。因为台面在轴重仪 W 和 4 个传感器支撑力的作用下是保持平衡的，而且与 M 点的位置无关。因此，只要采集这 4 个传感器输出的电信号经放大滤波后，送往仪表或 A/D 转换器转换成数字信号，经计算机或仪表计算处理后，即可显示结果并打印输出。

在实际使用中，若被测质量过于偏离承载台面中心，则可能会增大测量误差。所以实际测量时，还是应该尽量摆正车轮在检验台上的位置。

二、滚筒反力式制动检验台

1. 对滚筒反力式制动检验台的要求

《道路运输车辆综合性能要求和检验方法》（GB 18565—2016）规定用滚筒反力式制动检验台或平板式制动检验台检验制动性能，制动力的单位为 10N（daN）。检测控制系统应具有数据及曲线的存储、屏显及打印功能。配备制动踏板开关。

滚筒反力式制动检验台的电动机功率不足，检验时在车轮反向制动力的作用下，会产生短时的丢转，滑移率控制出现偏小误差。因此，合理确定电动机额定功率可确保滚筒反力式制动检验台的检测准确度。对滚筒反力式制动检验台要求如下。

单边滚筒驱动电动机的额定功率按式(4-7)计算。

$$P_d \geqslant \frac{0.3 m_e g v}{1.9 \times 3600} \tag{4-7}$$

式中　P_d——单边滚筒驱动电动机额定功率，kW；

m_e——制动台额定承载轴质量，kg；

g——重力加速度，取 $9.81 m/s^2$；

v——滚筒线速度，km/h。

用于检验多轴及并装轴车辆的制动台应符合以下规定：当滚筒直径为 245mm，滚筒中心距为 460mm，主、副滚筒高差为 30mm 时，副滚筒上母线与地面水平面的高度差为 40_0^{+5} mm；当滚筒中心距增大或减小 10mm 时，副滚筒上母线与地面水平面的高度差相应增大或减小 2mm，当主、副滚筒高差减小 10mm 时，副滚筒上母线与地面水平面的高度差相应增大 4mm。

各滚筒上母线都应保持水平，同轴滚筒上母线两端点间的高度差不大于 ±3mm（每滚筒两个测量端点）。

多轴及并装轴车辆的轮（轴）质量应采用独立式轮重仪和复合式轮重仪测取，轮（轴）重仪的示值为质量，单位为千克（kg）（两轴车辆指非并装轴的两轴单车，包括全挂车；多轴及并装轴车辆指三轴及三轴以上的单车、汽车列车和并装轴挂车）。

采集左、右车轮的制动全过程数据时，采样周期为 10ms。在非停机保护状态下，采样时间不少于 3s。

左、右滚筒的停机保护应能保证测取到被检车轮最大制动力。由第三滚筒控制时，若轮胎线速度相对于滚筒设计线速度降低 25%～35% 应停机保护。

滚筒表面附着系数不低于 0.75，台架前、后地面应做提高附着系数的处理。

左、右滚筒的驱动电动机应分时启动，时间间隔不小于 1s。

对于全时四驱的车辆，采用滚筒反力式制动检验台检验时，可在台架前、后加装自由滚筒。滚筒应经过提高表面附着系数处理，宜具有自动锁止和释放功能以适用于非全时四驱车辆的检测。

2. 滚筒反力式制动检验台的结构

滚筒反力式制动检验台的原理图及结构如图 4-10 和图 4-11 所示。它由结构完全相同的左、右两套对称的车轮制动力测试单元和一套指示、控制装置组成。每一套车轮制动力测试单元由框架（多数检验台将左、右测试单元的框架制成一体）、驱动装置、滚筒组、举升装置、制动力测量装置等构成。

（1）驱动装置

驱动装置由电动机、减速器和链传动组成。电动机经过减速器减速后驱动主动滚筒，主动滚筒通过链传动带动从动滚筒旋转。减速器输出轴与主动滚筒同轴连接或通过链条、皮带连接，减速器壳体为浮动连接（即可绕主动滚筒轴自由摆动）。日制式制动检验台测试车速较低，一般为 0.1～0.18km/h，驱动电动机的功率较小，一般为 2×(0.7～2.2)kW；而欧制式制动检验台测试车速为 2.0～5km/h，驱动电动机的功率较大，一般为 2×(3～11)kW。

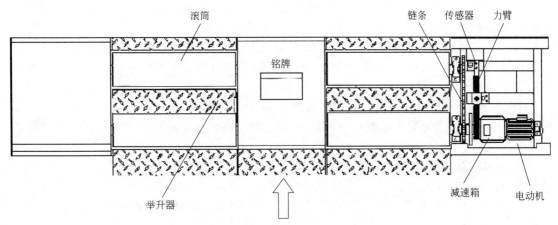

滚筒　　　　　　　　　　　　　　　　链条　传感器　力臂

铭牌

举升器

减速箱　电动机

图 4-10　滚筒反力式制动检验台的原理

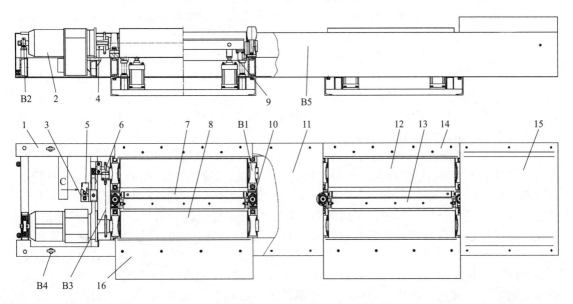

B2　2　　4　　　　　　　　　　9　B5

1　3　5　6　　7　8　B1　10　11　　12　13　14　　　　15

C

B4　B3　16

图 4-11　滚筒反力式制动台的结构

1—框架；2—减速机组件；3—力臂支架；4—主滚筒链轮；5—光电开关支架；6—副滚筒链轮；7—左制动
第三滚筒；8—左制动主滚筒；9—举升器导向；10—轮胎挡轮；11—中间盖板；12—右制动副滚筒；
13—右制动举升器；14—右制动出车端边盖板；15—右制动盖板；16—左制动引板；
B1—滚筒轴承；B2—电动机轴承；B3—链条；B4—吊环；B5—框架侧顶螺栓

减速器的作用是减速增扭，其减速比根据电动机的转速和滚筒测试转速确定。由于测试车速低，滚筒转速也较低，一般在 40～100r/min 范围（日制式检验台转速则更低，甚至低于10r/min），因此要求减速器的减速比较大，一般采用两级齿轮减速或一级蜗轮蜗杆减速与一级齿轮减速。

理论分析与试验表明，滚筒表面线速度过低时测取协调时间偏长、制动重复性较差，过高时对车轮损伤较大。GB/T 13564—2005 推荐使用滚筒表面线速度为 2.5km/h 左右的制动检验台。

（2）滚筒组

每一车轮制动力测试单元设置一对主、从动滚筒。每个滚筒的两端分别用滚筒轴承与轴承座支承在框架上，且保持两滚筒轴线平行。滚筒相当于一个活动的路面，用来支承被检车辆的车轮，并承受和传递制动力。汽车轮胎与滚筒间的附着系数将直接影响制动检验台所能测得的制动力大小。为了增大滚筒与轮胎间的附着系数，滚筒表面都进行了相应加工与处理（GB/T 13564—2008 要求滚筒表面附着系数不小于 0.7），目前可见的一般有下列 5 种。

① 开有纵向浅槽的金属滚筒。在滚筒外圆表面沿轴向开有若干间隔均匀、有一定深度的沟槽。这种滚筒表面附着系数最高可达 0.65。当表面磨损且沾有油、水时附着系数将急剧下降。

② 表面粘有砂粒的金属滚筒。这种滚筒表面无论干或湿时其附着系数都可达 0.8 以上，是目前国内采用的主要方式。

③ 表面具有嵌砂喷焊层的金属滚筒。喷焊层材料选用 NiCrBSi 自熔性合金粉末及钢砂。这种滚筒表面新的时候其附着系数可达 0.9 以上，其耐磨性也较好。

④ 高硅合金铸铁滚筒。这种滚筒表面带槽、耐磨，附着系数可达 0.7～0.8，价格便宜。

⑤ 表面带有特殊水泥覆盖层的滚筒。这种滚筒比金属滚筒表面耐磨。表面附着系数可达 0.7～0.8。但表面易被油污与橡胶粉粒附着，使附着系数降低。

滚筒直径与两滚筒间中心距的大小，对检验台的性能有较大影响。滚筒直径增大有利于改善与车轮之间的附着情况，增加测试车速，使检测过程更接近实际制动状况。但必须相应增加驱动电动机的功率。而且随着滚筒直径增大，两滚筒间中心距也需相应增大，才能保证合适的安置角。这样使检验台结构尺寸相应增大，制造要求提高。GB/T 13564—2005 推荐使用直径为 245mm 左右的制动检验台。

为了能及时控制停机，有的滚筒制动检验台在主、从动滚筒之间设置一个直径较小，既可自转又可上下摆动的第三滚筒，平时由弹簧使其保持在最高位置。在第三滚筒上装有转速传感器。在检验时，被检车辆的车轮置于主、从动滚筒上，同时压下第三滚筒，并与其保持可靠接触。控制装置通过转速传感器即可获知被测车轮的转动情况。当被检车轮制动，转速下降至接近抱死时，控制装置根据转速传感器送出的相应电信号计算滑移率达到一定值（如 25%）时使驱动电动机停止转动，以防止滚筒剥伤轮胎和保护驱动电动机。第三滚筒除了上述作用外，有的检验台上还作为安全保护装置用，只有当两个车轮制动测试单元的第三滚筒同时被压下时，检验台驱动电动机电路才能接通。GB/T 13564—2005 只是要求有轮胎抱死时能及时控制停机的装置，不规定具体停机方式，没有明确规定必须加装第三滚筒。

（3）制动力测量装置

制动力测试装置主要由测力杠杆和传感器组成。测力杠杆一端与传感器接触，另一端与减速器壳体连接，被测车轮制动时测力杠杆与减速器壳体将一起绕主动滚筒（或绕减速器输出轴、电动机枢轴）轴线摆动。传感器将测力杠杆传来的、与制动力成比例的力（或位移）转变成电信号输送到指示、控制装置。传感器有应变测力式、自整角电动机式、电位计式、差动变压器式等多种类型。日制式制动检验台多采用自整角电机式测量装置，而欧制式制动检验台以及近期国产制动检验台多用应变测力式传感器。

（4）举升装置

为了便于汽车出入制动检验台，在主、从动两滚筒之间设置有举升装置。该装置通常由举升器、举升平板和控制开关等组成。举升器常用的有气压式、电动螺旋式、液压式三种型式，气压式是用压缩空气驱动气缸中的活塞或使气囊膨胀完成举升作用；电动螺旋式由电动机通过减速器带动丝母转动，迫使丝杠轴向运动起举升作用；液压式是由液压举升缸完成举升动作。有些带有第三滚筒的制动检验台未装举升装置。

（5）控制装置

目前制动检验台控制装置大多数采用电子式。为提高自动化与智能化程度，有的控制装置中配置计算机。指示装置有指针式和数字显示式两种。带计算机的控制装置多配置数字显示器，但也有配置指针式指示仪表的。

3. 滚筒反力式制动检验台的工作原理

如图 4-12 所示。检测时将汽车车轮置于主、副滚筒之间，车轮把制动检验台的到位开关（或光电开关）触发，控制仪表或系统，采集车轮到位信号后启动电动机，经变速箱、链传动和主、副滚筒带动车轮匀速旋转，控制仪器提示驾驶员踩下制动踏板。踩下制动踏板后，车轮在车轮制动器的摩擦力矩下开始减速旋转。此时电动机驱动的滚筒对车轮轮胎周缘的切线方向产生与车轮制动器力矩相反的制动力，以克服制动器摩擦力矩，维持车轮继续旋转。与此同时车轮轮胎对滚筒表面切线方向附加一个与电动机产生的力矩方向相反等值的反作用力，在形成的反作用力矩作用下，减速箱外壳与测力杠杆一起朝滚筒转动相反方向摆动，测力杠杆一端的测力传感器受力，输出与制动力大小成比例的电信号。从测力传感器输出的信号经放大滤波后，送往仪表或 A/D 转换器转换成数字信号，经计算机或仪表计算处理后，显示结果打印输出。另外在实际使用时可将第三滚筒的转速信号输入仪表或计算机系统，测试中当车轮与滚筒之间的滑移率下降到预设值时（滑移率指踩制动踏板后车轮转速下降的值与未踩制动时车轮的转速值之比），仪表或计算机就会发出停电动机指令，测试完毕，以起到停机保护作用；也有采用软件判断等其他方式控制停机的制动检验台。

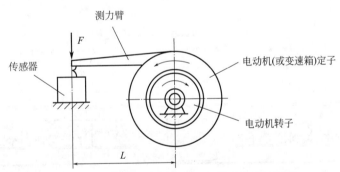

图 4-12　滚筒反力式制动检验台制动力测试原理

三、平板式制动检验台

1. 平板式制动检验台要求

单车应采用至少 4 个制动平板的平板制动检验台检验。

汽车列车应采用适用于多轴车辆的汽车列车制动性能检验台检验。

每个制动平板的制动力及轮质量的采样周期不大于 5ms。

平板式制动检验台应能称取被检车辆各车轮质量，示值单位为千克（kg）。

制动平板测试表面附着系数不低于 0.75。

制动平板应保持水平，各制动平板间的高度差应不超过 5mm。

2.平板式制动检验台结构

为满足汽车行驶的制动要求、提高制动稳定性、减少制动时后轴车轮侧滑和汽车甩尾，考虑到汽车制动时重心将发生前移，乘用车在设计上有许多车前轴制动力可达到静态轴荷的140％左右，而后轴制动力则设计得相对较小。上述制动特性只有在道路试验时才能体现，在滚筒反力式制动试验台上，由于受设备结构和试验方法的限制，无法测量出前轴最大制动力。

平板式制动检验台模拟实际道路制动过程进行检测，能够反映制动时轴荷转移及车辆其他系统（如悬架结构、刚度等）对制动性能的影响，因此可以较为真实地检测前轴驱动的乘用车的制动效能。但平板式制动检验台对检验员的操作要求较高，同时对不同轴距汽车的适应性也较差。对前轴驱动的乘用车适宜用平板制动检验台进行制动效能检测，一般采用四板组合（图4-13），结构见图4-14（图中编号为的6~8的部件只有在进行参数标定或校准时才安装，日常检测时必须拆除）。

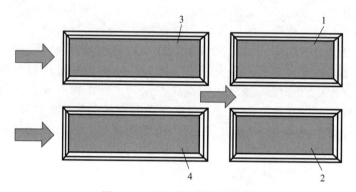

图 4-13　四板式平板制动布置

1—左前轮检测板；2—右前轮检测板；3—左后轮检测板；4—右后轮检测板

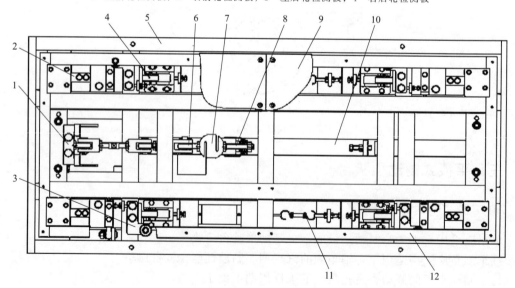

图 4-14　检测板结构

1—制动力传感器；2—称重传感器；3—检测板侧向限位装置；4—检测板纵向限位装置；5—检测板外框架；6—制动力标定传感器连接装置；7—制动力标定传感器；8—标定传感器加载装置；9—检测板粘砂面板；10—底架；11—检测板回位弹簧；12—检测板框架

3.平板式制动检验台测试原理

平板式制动检验台由几块平整的检测板组合安装而成，形成一段模拟路面，检测板工作面采用特殊的网格、喷涂、粘砂等处理工艺增加附着系数。检测时机动车辆以一定的速度（5～10km/h）行驶到该平板上并实施制动，此时轮胎对台面产生一个沿行车方向的切向力（图4-15），车辆驶上检测台面后的全过程中装在平板制动检测板下面的轮重传感器和制动力传感器将车辆轮胎传递的力转换成电信号，经放大滤波后，送往A/D转换器转换成数字信号，由计算机处理后显示结果打印输出。

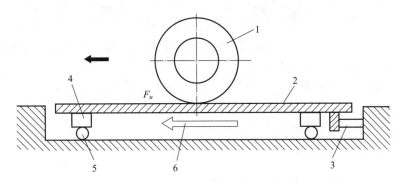

图4-15　平板式制动检验台制动力测试原理

1—车轮；2—检测板；3—制动力传感器；4—称重传感器；5—钢珠；6—制动力的方向

四、路试检验设施及设备

1.路试检验设施及设备要求

（1）行车制动设施及设备要求

对行车制动试车路面的要求是平坦、坚实、干燥、无松散物质且轮胎与地面间的附着系数不小于0.7的水泥或沥青路面，长度不小于100m。行车制动试车路面的附着系数对制动性能检验结果具有重要影响。路试检验时试车路面应清洁干燥，雨雪天时的路试数据无效。

试验通道应设置标线，标线的宽度：乘用车、总质量不大于3500kg的车辆为2.5m，汽车列车及其他车辆为3m。当受检车辆的宽度超出2.5m时，按受检车辆宽度+0.5m的通道宽度来判定。

采用便携式制动性能检测仪、非接触式速度计或五轮仪检验。

（2）驻车制动设施及设备要求

坡道坡度为20%和15%，轮胎与路面间的附着系数不小于0.7的水泥或沥青路面。在不具备试验坡道的情况下，可使用驻车制动专用检测设备检验驻车制动性能。

2.制动距离检测仪器

仪器主要由主机、速度传感器、踏板开关组成，如图4-16～图4-18所示。

图4-16　主机

图 4-17　速度传感器

图 4-18　踏板开关

它的主件是 SF 系列空间滤波器，这是一种特殊的传感器，可从路面上的小石块、砂粒、柏油路面的各种粒子，或轮胎印在路面上的不规则纹路中，提取特定的反斑纹（色斑、凸凹斑等）并做出空间（地面）反射信号处理。空间频率传感器将采集到的光电信号经 A/D 转换，变成数字量送入车速仪，通过公式计算出车速 v，并作外部显示。脉冲时钟产生时标信号，由车速和时间可计算出行驶距离。

3. 制动减速度检测仪器

制动减速度检测仪器可用于路试制动性能的检验，测试充分发出的平均减速度（MFDD）、制动协调时间、制动初速度、制动距离等数据，部分产品可当场打印测试报告，并与计算机相连接传送数据。

制动减速度检测仪器由加（减）速度传感器、信息处理单元、微型打印机、制动踏板触点开关等组成，如图 4-19～图 4-22 所示。

图 4-19　加（减）速度传感器

图 4-20　信息处理单元

图 4-21　微型打印机

图 4-22　制动踏板触点开关

以加（减）速度传感器作为探测元件，由制动踏板触点开关提供制动起始信号，通过等时间间隔对加（减）速度以及时间的连续测量，经过微处理机的高速运算，测量输出符合《机动车运行安全技术条件》（GB 7258）路试检验制动性能中规定的充分发出的平均减速度（MFDD）、制动协调时间，并对减速度按时间积分推算出制动初速度、制动距离等结果。

第四节　排放检验仪器设备

《道路运输车辆综合性能要求和检验方法》（GB 18565—2016）规定了对排放检验仪器设备的要求：点燃式发动机排气污染物采用排气分析仪检验；压燃式发动机排气烟度采用不透光烟度计检验，对于 2001 年 10 月 1 日前生产的在用车辆，采用滤纸式烟度计检验。

一、汽油车排气分析仪

1. 两气体排气分析仪的结构与原理

两气体排气分析仪从汽车排气管内收集汽车的尾气，并对气体中所含有的 CO 和 HC 的浓度进行连续测定。如图 4-23 所示是两气体排气分析仪外形示意，它主要由排气采集部分和排气分析部分构成。

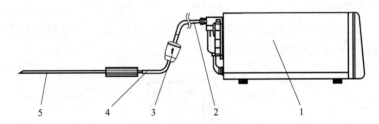

图 4-23　两气体排气分析仪外形示意
1—仪器本体；2—取样管；3—前置过滤器；4—短导管；5—取样探头

（1）排气采集部分

如图 4-24 所示，其由探头、过滤器、导管、水分离器和泵等构成。用探头、导管、泵从排气管采集汽油车排气。排气中的粉尘和炭粒用过滤器滤除，水分用水分离器分离出去。最后，将气体成分输送到排气分析部分。

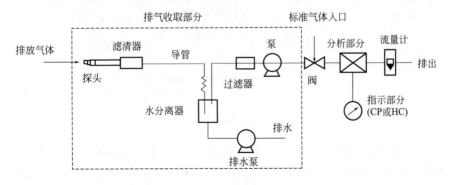

图 4-24　两气体排气分析仪排气采集部分结构示意

（2）排气分析部分

两气体排气分析仪的测量原理是建立在一种气体只能吸收其独特波长的红外线特性基础上的，即是基于大多数非对称分子对红外线波段中一定波长具有吸收功能，而且其吸收程度与被测气体的浓度有关，如 CO 能够吸收 $4.55\mu m$ 波长的红外光线。

该分析仪由红外线光源、测量室（测定室、比较室）、回转扇片和检测器构成。从采集部分输送来的多种气体共存在尾气中，通过非分散型红外线分析部分分析测定气体（CO、HC）的浓度，用电信号将其输送到浓度指示部分。电容微声器式分析装置如图 4-25 所示。它由两个红外线光源发出两组分开的射线，这些射线被两个旋转扇片同相地遮断，从而形成射线脉冲，射线脉冲经测量室进入检测室，测量室由两个腔室组成，一个是比较室，另一个是测定室。比较室中充有不吸收红外线的氮气，使射线能顺利通过。测定室中连续填充被测试的尾气，尾气中 CO 含量越高，被吸收的红外线就越多。检测室由容积相等的左右两个腔室组成，其间用一个金属膜片隔开，两室中充有同物质的量（mol）的 CO。由于射到检测室左室的红外线在通过测定室时一部分射线已被排气中的 CO 吸收，而通过比较室到达检测室右室的红外线并未减少，这样检测室左右两室吸收的红外线能量不同，从而产生了温差，温度的差异导致了压力差的存在，使作为电容器一个表面的金属膜片弯曲。弯曲振动的频率与旋转扇片的旋转频率相符。排气中的 CO 浓度越大，振幅就越大。膜片振动使电容改变，电容的改变引起电压的变化，从而产生交变电压。交变电压经放大，整流成直流信号，变为被测成分浓度的函数，因此可用仪表测量。而 HC 由于受到其他共存气体的影响，所以使用固体滤光片，巧妙地利用了正己烷红外线吸收光谱。因此，样品室内共存的 CO、CO_2、NO_x、HC 以外的气体所产生的红外线被吸收，再经检测器窗口的选择和除去，仅让具有 HC（正己烷）$3.5\mu m$ 附近的波长到达检测室内。HC（正己烷）被封入检测器，样品室中的 HC（正己烷）吸收量也就被检测器检测出来。

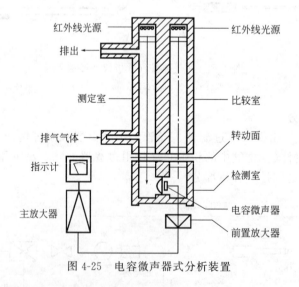

图 4-25 电容微声器式分析装置

2. 四气体排气分析仪与五气体排气分析仪

目前实施的怠速工况测定 CO、HC 两气体的排气检测手段已无法有效反映汽车排气中的 NO_x 和 CO_2。四气体排气分析仪与五气体排气分析仪的区别在于五气体排气分析仪可检氮氧化合物（NO_x）。

五气体排气分析仪中，CO、CO_2、HC 通过非分散红外线不同波长能量吸收的原理来测定，可获得足够的测试精度。而 NO_x 与 O_2 的浓度采用氧传感器和一氧化氮传感器测定。

氧（O_2）传感器，其基本形式是包括一个电解质阳极和一个空气阴极组成的金属-空气有限度渗透型电化学电池。氧传感器电流是一个电流发生器，其所产生的电流正比于氧的消耗率。此电流可通过在输出端子跨接一个电阻以产生一个电信号。如果通入传感器的氧只是被有限度地渗透，利用上述信号可测氧的浓度。在汽车废气检测上应用的氧电池，使用一种塑料膜作为渗透膜，其渗透量受控于气体分子撞击膜壁上的微孔，如果气体压力增加，分子的渗透率就会增加。因此，输出的结果直接正比于氧的分压且在整个浓度范围内呈线性响应。由氧传感器输出的信号经放大后，送至仪器数据处理系统的 A/D 输入端，进行数字处理及显示。

NO 的传感器是基于氧传感器基础上发展起来的电化学电池式传感器。

二、烟度计

1. 滤纸式烟度计

从测量原理上来说，滤纸式烟度计是一种非直接测量的计量仪器，它通过检测测量介质被所测量烟度污染的程度大小来间接得出烟度的大小。仪器的取样系统通过抽气泵、取样探头，从柴油车的排气管内，在规定时间中，抽取规定容积的废气，经过测量介质（测试过滤纸）过滤，废气中的炭粒附着在过滤纸上，形成一个规定面积的烟斑，然后通过测量系统的光电测量探头对烟斑的污染程度进行测量，转化为电信号，经过放大、处理，再将测试结果通过显示装置显示出来。

滤纸式烟度计总体结构示意如图 4-26 所示，由采样器和检测器两部分组成。采样抽气系统由抽气气缸、抽气电动机、取样探头以及气路管道系统和控制测量电路组成；采样时，在控制测量电路的控制下，抽气电动机带动抽气气缸运动，抽气气缸通过气路管道系统，取样枪从柴油车的排气管内抽取规定容积的废气，并通过测试过滤纸过滤，完成采样过程。

测量系统主要由走纸机构、压纸机构、光电测量探头以及测量电路和结果显示电路组

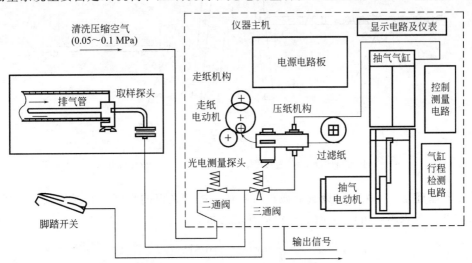

图 4-26　滤纸式烟度计总体结构示意

成。测量时压纸机构张开，走纸电动机带动走纸机构，将被采样系统污染后的测试过滤纸带到光电测量探头下，光电测量探头对其进行测量，通过其内部的测量装置（图 4-27 所示的环形光电管）将滤纸污染程度转化为电信号，经过测量电路放大和处理，最后通过显示电路在数字仪表上将测量结果显示出来。

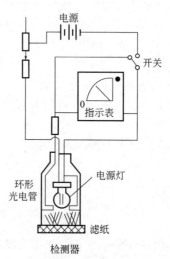

图 4-27　滤纸式烟度计的检测系统

2. 不透光烟度计

不透光烟度计又称消光式烟度计、透射式烟度计。

如图 4-28 所示，NHT-1 不透光烟度计主要由测量单元、控制单元、取样探头、连接电缆等组成。

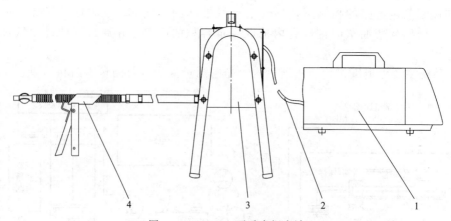

图 4-28　NHT-1 不透光烟度计

1—控制单元；2—连接电缆；3—测量单元；4—取样探头

其工作原理是，一束光被废气的微粒所遮蔽，透过光束的强度与光通道的长度成反比，用光吸收系数 k 表示，由比尔-朗伯特定律确定其系数。

$$k=-\frac{1}{L}\ln\tau=-\frac{1}{L}\ln(1-N) \qquad (4-8)$$

式中　N——从光源发出的光通过充满烟气的暗通道到达烟度计检测平台光接收器的吸收

率，称光吸收比（又称不透光度），％；

  L——光通道有效长度，m；

  τ——透光度（透射比），％；

  k——光吸收系数，m^{-1}。

  光吸收系数 k 是不透光值的基本单位，它与通道长度无关。通道长度 L 定义为光路长度即烟柱长度，是以米（m）作单位。光吸收比与所使用的光路长度有关，而光吸收系数则与光路长度无关。

  如图 4-29 所示，测量单元的测量室是一根分为左右两半部分的圆管，被测排气从中间的测量室入口 7 进入，分别穿过左圆管和右圆管，从测量室左出口 5 和测量室右出口 8 排出。透镜 4 装在测量室左出口的左边，反射镜 10 装在测量室右出口的右边。在透镜 4 的左侧是一个放置成 45°的半反射半透射镜 3，它的下方是绿色发光二极管 2，它的左边光电转换器 1、绿色发光二极管 2 及光电转换器 1 到透镜 4 的光程都等于透镜的焦距。因此，绿色发光二极管 2 发出的光经过半反射半透射镜 3 的反射，再通过透镜 4 后就成为一束平行光。平行光从测量室的左出口进入，穿过左右圆管（测量室）中的烟气从测量室右出口射出，被反射镜 10 反射后折返，从测量室右出口重新进入测量室，再次穿过烟气从测量室左出口射出。射出的平行光经过透镜 4，穿过半反射半透射镜 3，聚焦在光电转换器 1 上，并转换成电信号。排气中含烟越多，平行光穿过测量室的光能衰减越大，经光电转换器 1 转换的光电信号就越弱。

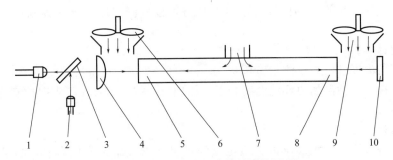

图 4-29 不透光式烟度计的测量原理

1—光电转换器；2—绿色发光二极管；3—半反射半透射镜；4—透镜；5—测量室左出口；
6—左风扇；7—测量室入口；8—测量室右出口；9—右风扇；10—反射镜

三、工况法排放检测系统

  根据国家标准对车辆排放检测要求的不同，工况法排放检测系统所包含的设备和软件要求也有所不同，下面简要介绍汽油机三种简易工况法和柴油机加载减速法的系统组成。

1. 稳态工况法检测系统组成

  稳态工况法排放检测设备主要由底盘测功机、排气取样系统、排气分析仪、发动机转速计、OBD 诊断仪、冷却装置、气象站和自动控制系统组成。检测设备应符合国家相关标准和计量检定规程的规定。

  （1）底盘测功机

  底盘测功机主要由滚筒、功率吸收单元、惯性模拟装置等组成，用来模拟车辆行驶的道路阻力。底盘测功机应有永久性固定标牌，标牌至少应包括以下内容：底盘测功机制造厂名、供应商名、设备生产日期、型号、序列号、测功机种类、最大允许轴重、最大吸收功率、滚筒直径、滚筒宽度、转动惯性和用电要求。用于轻型车测试的底盘测功机，至少应能测试最大轴重为 2750kg 的车辆，最大测试车速不低于 60km/h。用于重型车测试的底盘测功机，至少应能测试最大轴重为 8000kg 的车辆，最大测试车速不低于 60km/h。

（2）排气取样系统

排气取样系统主要由取样管、取样探头、颗粒物过滤器和水分离器等组成；排气取样系统应可靠耐用，无泄漏并且易于保养；排气取样系统在设计上应保证能够承受在进行 ASM 工况测试，最长 290s 时间内被测试车辆排出的高温气体。直接接触排气的取样管路应采用不存留排气，也不会改变被分析气体特性的材料制造，取样系统在设计上应确保至少 5 年之内不会被腐蚀。

（3）排气分析仪

排气分析系统应由至少能自动测量 HC、CO、CO_2、NO、O_2 五种气体浓度的分析仪器组成。排气分析仪器采用下列工作原理：一氧化碳（CO）、碳氢化合物（HC）和二氧化碳（CO_2）的测量采用不分光红外法（NDIR）；一氧化氮（NO）的测量优先采用红外法（IR）、紫外法（UV）或化学发光法（CLD），采用电化学法的 NO 分析仪不再允许使用；对氧（O_2）浓度的测量可以采用电化学法，或其他方法。若采用其他等效方法测量上述气体浓度，应取得生态环境主管部门的认可。

（4）湿度计

系统应配备湿度计，相对湿度测量范围应为 5%～95%，测量准确度应为 ±3%。湿度计须安置在能直接采集检测场内环境湿度的地方，按检测程序要求向控制计算机传输实时数据。

（5）温度计

系统应配备温度计，温度测量范围应为 255～333K，测量准确度应为 ±0.5K。温度计须安置在能直接采集检测场内环境温度和湿度的地方，按检测程序要求向控制计算机传输实时数据。

（6）气压计

系统应配备气压计，大气压力测量范围满足当地大气压力变化需要，测量准确度应为 ±3%。对大气压力变化不大的地区，系统应能够允许人工输入检测地季节大气压力。

（7）计时器

计时器测量时间为 10～1000s，测量准确度应为 ±0.1%。

（8）自动控制程序

数据采集和分析系统应完全自动化，软件应能根据车辆参数自动选择测试流程和排放限值，并自动设置受检车辆的测试负荷。应通过实时数据传输系统进入主机系统数据库得到车辆确认信息。通过车牌和车辆确认信息，应能获得足够的车辆记录信息。对主机系统未包含的车辆数据的手工输入应做明确提示，并自动增补到系统的数据库中。污染物检测前、检测过程中控制要求及监控，并具有自动设备锁止功能。

2. 瞬态工况法检测系统组成

点燃式发动机汽车瞬态工况污染物排放测试设备包括一个至少能模拟加、减速惯量和匀速载荷的底盘测功机（电力测功机），由定容采样系统（CVS）和排气分析仪组成的排气采样及分析系统，能实时分析计算受检车辆在瞬态工况下各种排气污染物的排放量。

（1）底盘测功机

瞬态工况法使用的底盘测功机，应选用电力测功机（交流或直流），可采用下列两类方法模拟道路载荷。

① 载荷曲线固定的测功机，测功机的物理特性提供一条固定形状的载荷曲线。

② 载荷曲线可调的测功机，测功机至少有两个道路载荷参数可以调整以生成载荷曲。

测功机结构应能满足最大总质量≤3500kg 的 M 类和 N 类车辆进行瞬态排放测试。能根据测试记录的车辆参数自动选择加载功率和所需要模拟的惯量，采用电惯量模拟的测功机，应验证其与机械惯量系统的等效性。能保证在－5～45℃的环境温度下正常工作。

（2）定容采样系统（CVS）

应使用全流式定容采样（CVS）稀释系统，可以使用临界流量文丘里系统（CFV），或者亚声速（SSV）型式，将汽车排放的废气用环境空气连续稀释。测定排气与稀释空气混合气的总容积，同时对稀释中排气中的污染物浓度进行连续分析，根据稀释排气浓度、稀释排气流量和污染物的密度，计算污染物排放量。

应使用足够的环境空气对车辆的排气进行稀释，以防止在测试过程中的任何情况下取样和测量系统中出现水冷凝，推荐文丘里流量为 $9\sim15m^3/min$。

（3）气体排放测量装置

排放分析系统应能对 HC、CO、CO_2、NO_x 几种排气污染物自动取样、积分和记录。对分析仪器的准确度、精度、漂移、抗干扰、噪声等有关特性的要求应满足规定。

3. 简易瞬态工况法检测系统组成

简易瞬态工况污染物排放测试设备至少包括能模拟加速惯量和等速负荷的底盘测功机、气体分析仪和气体流量分析仪组成的取样分析系统、流量测量系统、发动机转速计、OBD诊断仪、冷却装置、气象站和自动控制系统。检测设备应符合国家相关标准和计量检定规程的规定。

（1）底盘测功机

底盘测功机要求至少能模拟车辆在道路上行驶时的加速惯量，即底盘测功机通过控制功率吸收单元模拟车辆在道路上匀速行驶阻力和加速阻力，减速过程的阻力通过底盘测功机的基本惯量进行模拟，鼓励使用能够模拟车辆行驶全惯量的底盘测功机。

（2）排气取样系统

排气取样系统主要由取样管、取样探头、颗粒物过滤器和水分离器组成，排气取样系统应确保可靠耐用性，无泄漏并且易于保养。排气取样系统在设计上应保证能够承受简易瞬态测试期间测试车辆排气的高温。直接接触排气的取样管路应采用不残留排气、不改变被分析气体特性的材料制造，取样系统在设计上应确保至少 5 年之内不被腐蚀。

（3）气体分析仪

气体分析系统应由至少能自动测量 HC、CO、CO_2、NO_x、O_2 五种气体浓度的分析仪器组成。

（4）气体流量分析仪

气体流量分析仪由测量室、流量计、氧传感器、鼓风机、温度和压力传感器等组成。将五气分析仪采样管插入排气管中测量原始排气中各污染物浓度，将气体流量分析仪稀释软管正对排气管，并留有一定的空隙以保证稀释排气的流量达到规定值，通过气体流量分析仪的鼓风机吸入车辆排出的全部排气和部分空气对排气进行稀释得到稀释排气，利用气体流量分析仪测量得到稀释排气流量。

（5）自动测试程序

数据采集和分析系统应完全自动化，软件应能根据车辆参数自动选择测试流程和排放限值，并自动设置车辆的测试负荷。应通过实时数据传输系统进入主机系统数据库得到车辆确认信息。通过车牌和车辆确认信息，应能获得足够的车辆记录信息。对主机系统未包含的车辆数据的手工输入应做明确提示，并自动增补到系统的数据库中。

4. 加载减速法检测系统组成

测试设备主要包括底盘测功机、不透光烟度计、氮氧化物分析仪和发动机转速传感器等，由中央控制系统集中控制。

(1) 底盘测功机

底盘测功机主要由滚筒、功率吸收单元（PAU）、惯量模拟装置及举升装置等组成，用来模拟车辆行驶的道路阻力。

(2) 发动机转速传感器

发动机转速传感器应能实时为底盘测功机的控制/显示单元提供发动机转速信号，其测量准确度要求为实测转速的±1%，传感器的动态响应特性应不得劣于测功机的扭矩控制动态特性。此外，还必须具有一个合适的数据通信端口，该通信端口与测功机控制系统兼容以实现数据传送。

转速传感器必须具有安装方便、不受车辆振动干扰等影响的特点。

(3) 不透光烟度计

不透光烟度计应采用分流式原理。需满足以下技术要求：

① 不透光烟度计的采样频率至少为10Hz；

② 不透光烟度计须配备与底盘测功机控制系统兼容的数据传输装置；

③ 不透光烟度计的一般技术要求见《柴油车污染物排放限值及测量方法（自由加速法及加载减速法）》（GB 3847—2018）中附录C的要求；

④ 采样系统对发动机排气系统产生的附加阻力应尽可能小；

⑤ 采样系统能够承受试验过程中可能遇到的最高排气温度和排气压力；

⑥ 具有冷却装置（气冷或水冷），以保证将所采集样气温度降到不透光烟度计能处理的温度范围内。

(4) 控制系统

中央控制系统应能够直接控制不透光烟度计，自动完成检测过程控制，应满足以下要求：

① 配备实时显示器，显示发动机转速和测功机的吸收功率；

② 加载减速检测过程一般应在2min内完成，最长不能超过3min；

③ 能够随时优先支持手动控制；

④ 配有足够的通道，用于接收不透光烟度计和发动机转速传感器的信号，以及其他过程计算和显示所要求的检测过程参数；

⑤ 自动进行记录并输出检测数据、检测日期和车辆信息等；

⑥ 分级设置密码以保护控制系统参数和检测结果数据。

第五节　转向操控性检验仪器设备

滑板式侧滑检验台按其结构形式不同可分为单滑板式侧滑检验台、双滑板式侧滑检验台和带放松板式侧滑检验台。

《道路运输车辆综合性能要求和检验方法》（GB 18565—2016）规定了对转向操控性检

验仪器设备的要求：采用适用于单、双转向桥的双板联动侧滑检验台检验，侧滑检验台应具有轮胎侧向力释放功能。滑板应保持水平，两滑板各点间的高度差应不超过5mm。

一、侧滑检验台检测原理

1. 第一种情况

如图4-30所示，假设在左右车轮只有前束而无车轮外倾角时，车轮向前滚动的同时又向内侧滚动是不可能的，因而只能边向前滚动边对地面产生向左、右外侧的推力。若在左右车轮下面各垫上一块只能左右移动的滑动板，在左右车轮推力推动下，滑动板会向左右外侧滑动。

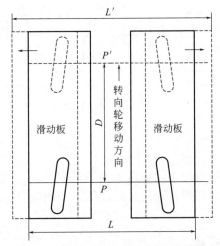

图4-30　车辆前束引起滑动板向外侧滑动

如左右两块动滑板的初始距离为L，当汽车向前行驶一段距离D（即从位置P行驶至P'）之后，左右侧滑动板在车轮的推力下向外侧滑动，两板的距离变为L'。侧滑动板的距离变化量在不考虑滑动板运动阻力时，可认为是车轮的侧滑量X_t。

$$X_t = \frac{L' - L}{D} \tag{4-9}$$

式中　X_t——车轮的侧滑量，m/km；

L'，L——侧滑动板侧滑前后的距离，mm；

D——汽车向前行驶距离，m。

若汽车直驶时，左右车轮侧滑量相等，则单个车轮侧滑量S_t可用式(4-10)表示。

$$S_t = \frac{1}{2} X_t = \frac{L' - L}{2D} \tag{4-10}$$

2. 第二种情况

如图4-31所示，假设左右车轮只有外倾角而无前束时，左右两块侧滑动板初始距离为L，汽车向前行驶一段距离D（即从位置P行驶至P'），车轮因有向外滚动趋势，左右侧滑动板将受车轮向内的推力，于是侧滑动板向内滑动，使两板距离变小为L'。当汽车行驶距离D时的侧滑量X_c可写成

$$X_c = \frac{L' - L}{D} \tag{4-11}$$

若左右两车轮侧滑量相等，则单个车轮侧滑量 S_c 为

$$S_c = \frac{1}{2}X_c = \frac{L'-L}{2D} \tag{4-12}$$

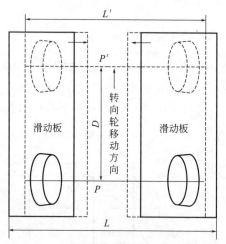

图 4-31 车轮外倾引起侧滑板向内滑动

3. 第三种情况

当同时具有前束角与外倾角的车轮通过上述滑动板时，若前束的作用大于外倾的作用，滑动板向外移动，产生向外的侧滑；若前束的作用小于外倾的作用，滑动板向内移动，产生向内的侧滑。

二、侧滑检验台的结构

侧滑检验台是使汽车在滑动板上驶过时，用测量滑动板左右移动量的方法来测量前轮侧滑量的大小和方向的一种检测设备。如图 4-32 所示是双板式侧滑检验台的形式。

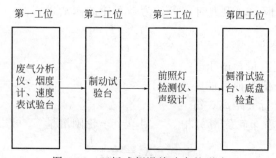

图 4-32 双板式侧滑检验台的形式

双板式侧滑检验台主要由机械和电气两部分组成。机械部分主要由两块滑板、联动机构、回零机构、滚轮及导向机构、限位装置及锁零机构组成，如图 4-33 所示。电气部分包括位移传感器和电气仪表。

1. 机械部分

左右两块滑动板分别支撑在各自的四个滚轮上，每块滑动板与其连接的导向轴承在

轨道内滚动，保证了滑动板只能沿左右方向滑动而限制其纵向的运动。两块滑动板通过中间的联动机构连接起来，从而保证两块滑动板做同时向内或同时向外的运动。相应的位移量通过位移传感器转变成电信号送入仪表。回零机构保证汽车前轮通过后滑动板能够自动回零。限位装置是限制滑动板过分移动而超过传感器的允许范围，起保护传感器的作用。锁零机构能在设备空闲或设备运输时保护传感器。润滑机构能够保证滑动板轻便自如地移动。

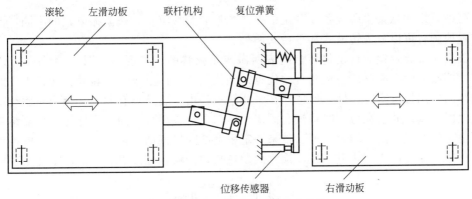

图 4-33 侧滑检验台机械部分结构

2. 电气部分

电气部分按传感器的种类不同而有所区别。目前常用的位移传感器有电位计式和差动变压器式两种。

电位计式测量装置原理非常简单，将一个可调电阻安装在侧滑检验台底座上，其活动触点通过传动机构与滑动板相连，电位计两端输入一个固定电压（比如 5V），中间触点随着滑动板的内外移动也发生变化，输出电压也随之在 $0\sim5V$ 之间变化，把 2.5V 左右的位置作为侧滑检验台的零点，如果滑动板向外移动，输出电压大于 2.5V，达到外侧极限位置输出电压为 5V。滑动板向内移动，输出电压小于 2.5V，达到内侧极限输出电压为 0V。这样仪表就可以通过 A/D 转换将侧滑传感器电压转换成数字量，并送入单片机处理，得出侧滑量的大小。

差动变压器式测量装置原理与电位计式类似，只是电位计式输出一个正电压信号，而差动变压器式输出的是正负两种信号。把电压为 0V 时的位置作为零点。滑动板向外移动输出一个大于 0V 的正电压，向内移动输出一个小于 0V 的负电压。同样，仪表就可以通过 A/D 转换将侧滑传感器电压转换成数字量，并送入单片机处理，得出侧滑量的大小。

指示仪表可分为指针式和数显式两种，目前普遍使用的是数显式仪表。

将双板式侧滑检验台的一侧滑动板的中间机械连接装置去掉，即成了单板式侧滑检验台。单板式侧滑检验台由一个侧滑板、一支位移传感器和一套显示装置组成。检测时，被检测车辆的一个转向轮通过其滑动板，侧滑检测结果依然是左右两轮综合作用产生的侧滑量。

目前常见的是带释放板的双板式侧滑检验台。释放板的作用是释放掉轮胎从路面上刚刚滚动到侧滑台时，由于轮胎形变的应力释放而产生的侧向移动力。由于车轮有前轮前束和车轮外倾角度，使车轮不是正直滚动，这样轮胎在与地面接触的时候会出现轮胎的变形，而这种变形在遇到可以横向自由移动的面板时会释放到侧滑台的测试板面上，从而导致测试结果不单纯是侧滑量，还加入了轮胎变形量，引起了较大的检测误差。释放板是自由横向移动的板面，布置在测试板面进车、出车方向起到释放应力的效果。进车方向释放相对来讲比出车方向的作用更明显一些。出车方向的释放板是为了避免轮胎刚压到地面时产生的变形。直径为 1000mm 左右的轮胎在正常胎压状态下的行车方向地面压痕长度约为 200mm，故应力释放板在行车方向的有效长度不宜低于 250mm。

第六节　悬架检验仪器设备

检测站采用的悬架检验设备主要是谐振式悬架装置检测台。按激振方式的不同，谐振式悬架装置检测台可以分为转鼓式和平台式两种。

转鼓式悬架装置检测台是将转鼓的表面做成正弦状的不平度，如图 4-34 所示，改变转鼓转速，即改变激振频率。该检测台的优点是结构简单，由于车轮的转动，转鼓表面的不平度对汽车的作用接近实际条件。但也存在一些缺点：由于转鼓具有曲度，因而轮胎与支撑面的接触性质失真；并且在检测时将汽车固定在转鼓上比较困难，固定得好坏对检测结果影响较大；由于轮胎半径的不均匀，可以带来一定程度的随机振动，可能产生操纵轮的振动；另外，这种方法需要使用调速电动机，检测周期较长，价格比较昂贵，目前已不使用。

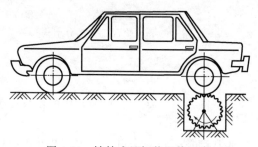

图 4-34　转鼓式悬架装置检测台

谐振式悬架装置检测台（图 4-35）通过电动机、偏心轮、储能飞轮、弹簧组成的激振器，迫使汽车悬架装置产生振动，在开机数秒后断开电动机电源，从而电储能飞轮产生扫频激振。由于电动机的频率比车轮固有频率高，因此，飞轮逐渐减速的扫频激振过程总可以扫到车轮固有频率处，从而使台面-汽车系统产生共振。测量此振动频率、振幅、输出振动波形曲线，以系统处理评价汽车悬架装置性能。

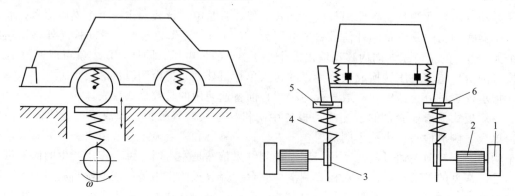

图 4-35　谐振式悬架装置检测台的结构原理

1—蓄能飞轮；2—电动机；3—凸轮；4—激振弹簧；5—台面；6—测量装置

悬架装置检测台台体结构如图 4-36 所示。

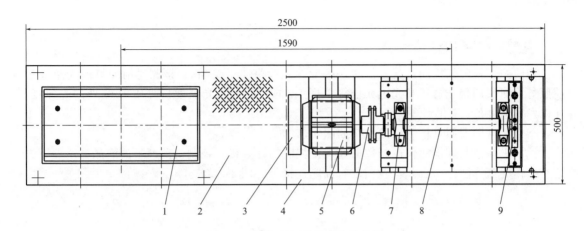

图 4-36　悬架装置检测台台体结构

1—振动板；2—盖板；3—飞轮；4—机架；5—电动机；6—联轴器；7—轴承；8—主轴；9—测力传感器

谐振式悬架装置检测台通过计算悬架在谐振频率下（即模拟工作条件最差情况）的吸收率的检测，来评价汽车的悬架性能。仪表通过采集车轮对垂直载荷的变化情况计算吸收率。

$$悬架吸收率 = \frac{共振时的最小动态车轮垂直载荷}{静态车轮垂直载荷} \times 100\% \qquad (4\text{-}13)$$

将汽车驶上悬架台，关闭发动机，驾驶员可离开。首先启动悬架台左电动机，通过电动机及偏心轮等机构对左侧车轮进行激振。振动稳定后，关闭电动机，惯性飞轮所储能量逐渐释放，此时的激振频率也逐渐衰减。当激振频率衰减到某一数值时，汽车左悬架装置与悬架台振动板达到共振，通过检测台下面压力传感器的信号变化转换为电信号传输给智能仪表，智能仪表对对信号做放大、优化处理后送入计算机。用同样的方式启动悬架台右电动机进行激振，检测到右轮悬架装置性能和振动曲线，最后评价左、右悬挂装置的性能。

第七节　其他检验仪器设备

一、前照灯检测仪

《道路运输车辆综合性能要求和检验方法》（GB 18565—2016）规定了对前照灯检测仪的要求：采用具有发光强度及远、近光光束照射位置检测功能的前照灯检测仪检验；采用自动式前照灯检测仪时，导轨运行平面的水平度应不超过 2mm/m。

前照灯检测仪按照结构特征与测量方法不同可分为四种类型：聚光式前照灯检测仪、屏幕式前照灯检测仪、投影式前照灯检测仪与自动追踪式前照灯检测仪。按照检测原理不同，前照灯检测仪又可分为光电池式和 CCD 式等。光电池式前照灯检测仪的主要元器件是硅半导体光电池和聚光透镜。光电池用于吸收前照灯发出的光能，将其转变成光电池的电流，按该电流的大小来确定前照灯的发光强度与光轴偏移量。目前应用较多的是 CCD 自动追踪式前照灯检测仪。

综合性能检验机构应采用自动式前照灯检测仪，其性能应符合《机动车前照灯检测仪》（JT/T 508）的技术要求。在铺设、安装前照灯检测仪导轨时，应保证其水平度和垂直度的要求。

1. 前照灯检测仪的结构

用前照灯检测仪检测灯光性能时，一般距离大灯 1m 或 3m，检测时前照灯的光束通过前照灯检测仪的聚光透镜和光电元件等，将 1m 或 3m 处的光照度折算成 10m 处的光照度，并以发光强度值进行指示。

某型全自动前照灯检测仪的结构如图 4-37 所示。

控制机是前照灯检测仪进行数据处理及控制的计算机。控制机前面板的液晶显示器下方装有操作键盘 ［图 4-37(a)］，背面装有插座连接板 ［图 4-37(b)］。

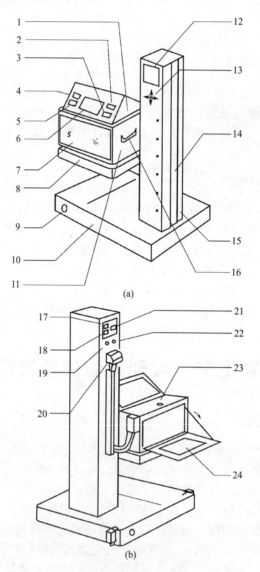

图 4-37　某型全自动前照灯检测仪的结构

1—观测把手；2—左右方向指示表；3—上下方向指示表；4—光强指示表；5—高度指示表；6—观测屏幕；
7—菲涅尔透镜；8—水平调整偏心轮；9—调整孔；10—底座；11—受光箱；12—控制机；13—操作键盘；
14—立柱盖板；15—立柱；16—准星；17—数字信号接口；18—显示器插座；19—电源开关；
20—接线盒；21—模拟信号接口；22—打印机接口；23—水准泡；24—参数调校板

底座是整台仪器的基座，装有水平方向驱动系统，以驱动仪器整机做水平方向运动；底座内装有受光箱的上下传动机构、限位开关组、高度检测机构等。

立柱是控制机支承部分，也是受光箱垂直运动的支承导向柱。立柱内还安装有电气系统的主控板、电动机控制板、电源板等控制线路板。立柱表面安装有扫描光电管阵列。

接线盒位于立柱后侧，装有各连接电缆的插座。

回转台装有驱动受光箱做上下、左右摆动的传动机构，是受光箱的支承座。

受光箱内装有光电检测元件及光学测量系统，用以测取检测参数。

各指示表用以显示实时测量数据。

观测屏幕是用以观察远光配光特性及近光明暗截止线的显示面板，当扳起"观察把手"时，被检前照灯的配光图像就会投射在屏幕上，这时可借助屏幕上的刻度，对配光图像进行目测。

控制盒上面装有各种控制键，供用户执行操作。

2.前照灯检测仪的工作原理

（1）前照灯光轴的定位原理

前照灯检测仪可以对进入光接收箱的前照灯光束进行拍摄，利用计算机和图像处理技术对整个光斑进行量化分析处理，找出前照灯的光轴中心，通过控制系统控制驱动电动机，使光接收箱的光学中心和前照灯的远光（或近光）光束中心准确重合。当光接收箱的光学中心和前照灯的远光光束中心准确重合时［图 4-38(a)］，上下、左右电动机不动，仪器处于平衡状态；当光接收箱的光学中心和前照灯的远光光束中心不重合时［图 4-38(b)］，计算计会发出指令，使上下、左右电动机移动，直到光接收箱的光学中心和前照灯的远光光束中心准确重合。

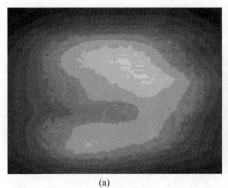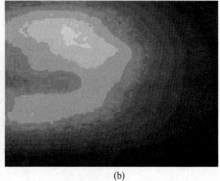

(a)　　　　　　　　　　　　　　　　(b)

图 4-38　未进行聚光的前照灯光束灰度图像

（2）偏角和光强的测量原理

对准光轴后，前照灯检测仪的 CCD 相机拍摄光接收箱聚光后的前照灯光斑，利用计算机和图像处理技术对整个焦平面光斑进行量化分析处理，找出其光束中心。不同偏角的光束其光学中心成像在焦平面上的位置不同；不同光强的点，其在图像上的灰度也不同。光强越强的点，光斑越白；光强越小的点，光斑越暗。前照灯检测仪可以测出机动车前照灯的角度和光强。当机动车前照灯远光的偏角为 0°时，远光（或近光）灯光束经过聚光透镜聚光后，其成像在焦平面光学中心，也在焦平面的中心，其成像在焦平面的光分布图如图 4-39(a) 所示。当机动车前照灯远光的偏角不为 0°时，远光灯光束经过聚光透镜聚光后，其成像在焦平面光学中心，但不在焦平面的中心，其成像在焦平面的光分布图如图 4-39(b) 所示。

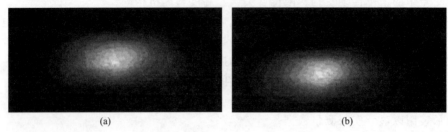

(a)   (b)

图 4-39　聚光后的前照灯光束分布

二、车速表检测台

《道路运输车辆综合性能要求和检验方法》（GB 18565—2016）规定了对车速表检测台的要求：采用滚筒式车速表检测台检验。对于无法利用台架检验车速表指示误差的车辆，如全时四驱、实时四驱、带防滑控制功能、车速传感器未装在驱动轮的车辆，应检查车速表速度指示功能是否正常，必要时，可采用便携式制动性能检测仪、非接触式速度计或五轮仪，通过路试的方法检验。滚筒式车速表检测台滚筒上母线应保持水平，各滚筒两端点间的高度差应不超过 5mm。

1. 汽车车速表检测台的结构

汽车车速表检测台是检测车速表指示误差的主要设备，其基本结构主要包括滚筒、举升器、测量元件、显示仪表及辅助装置等。它的滚筒由被检汽车的驱动车轮带动旋转，其外形如图 4-40 所示，其检测台台体结构如图 4-41 所示。还有一种车速表检测台是驱动型车速表检测台，即在滚筒的一端带有驱动电动机，是为车速表传感器由从动车轮驱动的汽车设计的。驱动型车速表检测台很少见。

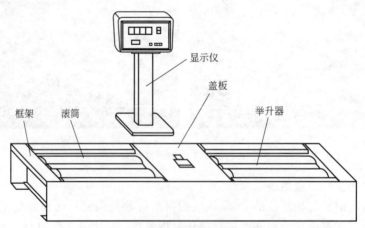

图 4-40　汽车车速表检测台外形

（1）滚筒

检验台左右各有两个滚筒，用于支撑汽车的驱动轮。在测试过程中，为防止汽车的差速器起作用而造成左右驱动轮转速不等，前面的两个滚筒是用联轴器连在一起的。滚筒多为钢制，表面有防滑材料，直径多在 175～370mm 之间，为了标定时换算方便，直径多为

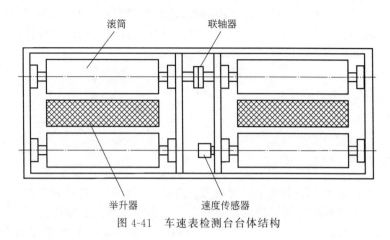

图 4-41 车速表检测台台体结构

176.8mm，这样滚筒转速为 1200r/min 时，正好对应滚筒表面的线速度为 40km/h。

（2）举升器

举升器置于前后两个滚筒之间，多为气动装置，也有液压驱动和电动机驱动的。测试时，举升器处于下方，以便滚筒支撑车轮。测试前，举升器处于上方，以便汽车驶上检验台，测试后，靠气压（或液压、电动机）升起举升器，顶起车轮，以便汽车驶离检验台。

（3）测量元件

即测量转速的传感器，其作用是测量滚筒的转动速度。通过转速传感器将滚筒的速度转变成电信号（模拟信号或脉冲信号），再送到显示仪表。常用的转速传感器有：光电编码器式、霍尔元件式和测速发电机式等。

（4）显示仪表（或显示器）

目前多用智能型数字显示仪表，也就是一个单片机系统。来自传感器的信号经放大、A/D 转换或经滤波整形后进入单片机处理，再输出显示测量结果。在全自动检测线上也有直接把速度传感器信号接到工位机（或主控机）上直接进行处理的。

（5）辅助装置

① 安全装置：车速检测台滚筒两侧设有挡轮，以免检测时车轮左右滑移损坏轮胎或设备。

② 滚筒抱死装置：汽车测试完毕出车时，如果只依靠举升器，可能造成车轮在前滚筒上打滑。为了防止打滑，增加滚筒抱死装置，与举升器同步，举升器升起的同时，抱死滚筒，举升器下降时放开。

③ 举升保护装置：车辆在车速检测台上运转时，举升器突然上升会导致严重的安全事故，因而车速检测台设有举升器保护装置（软件或硬件保护），以确保滚筒转速低于设定值后（如 5km/h）才允许举升器上升。

2.汽车车速表检测台的工作原理

检测时汽车驱动轮置于滚筒上，由发动机经传动系统驱动车轮旋转，车轮借助于摩擦力带动滚筒旋转。旋转的滚筒相当于移动的路面，以驱动轮在滚筒上旋转来模拟汽车在路面上行驶时的实际状态。通过滚筒端部带动测速发电机（即速度传感器，现在用得较多的是光敏管、霍尔传感器等）。测速发电机所发出的电压（或光敏管、霍尔传感器等发出的脉冲数）随滚筒转速增高而增加，而滚筒的转速与车速成正比，因此测速发电机的电压与车速成正比。或采用脉冲信号发生器，将其安装在滚筒的一端，把对应于滚筒的转速发出的电信号送至速度指示装置。假设车轮与滚筒间为无滑移的纯滚动，则可认为车轮与滚筒的线速度是一样的。因此通过滚筒直径和转速传感器测取的滚筒的转速计算出滚筒的线速度，即是车轮的实际行驶速度 v，见式(4-14)。

$$v=60\pi Dn\times 10^{-6} \tag{4-14}$$

式中　v——滚筒线速度，km/h；

　　　D——滚筒直径，mm；

　　　n——滚筒转速，r/min。

三、车轮阻滞率检验设备

在量值上，车轮阻滞力远小于车轮制动力。因此用于检测车轮阻滞力的滚筒反力式制动检验台的较低量程应有良好的测量精度，同时空载动态零值误差必须符合要求。

《道路运输车辆综合性能要求和检验方法》（GB 18565—2016）规定了对车轮阻滞率检验设备的要求：采用滚筒反力式制动检验台检验，其空载动态零值误差应符合表 4-1 的要求。

表 4-1　车轮阻滞率检验设备空载动态零值误差要求

额定承载质量/t	空载动态零值误差
3	±0.6%F·S
10	±0.2%F·S
13	±0.2%F·S

注：F·S 是 Full Scale 的缩写，意为"满量程"，即传感器最大的测量值。

滚筒反力式制动检验台的安装要求及被检车辆轮（轴）质量的测取要求应符合本章第三节对滚筒反力式制动检验台的要求。

四、底盘间隙检查仪

汽车悬架装置和转向系统各部间隙在使用中会逐渐增大，致使汽车行驶中出现跳动增加、横摆加剧、方向盘自由行程加大、转向轮摆头、轮胎磨损异常和各种冲击增强等现象，严重影响了汽车操控稳定性、行车安全性和使用寿命。因此，汽车悬架装置和转向系统的间隙是一个综合性的诊断参数，能表征悬架装置和转向系统的技术状况。

悬架装置和转向系统间隙的检测，采用底盘间隙检测仪进行，如图 4-42 所示。

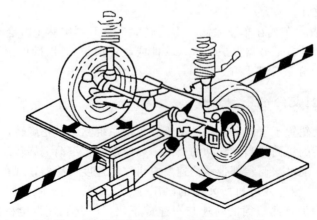

图 4-42　悬架装置和转向系统间隙的检测

1. 基本结构

悬架装置和转向系统间隙检测仪，一般由电控箱、左测试台、右测试台、泵站和手电筒式开关等组成，如图 4-43 所示。

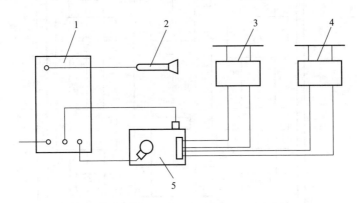

图 4-43　悬架装置和转向系间隙检测仪组成示意
1—电控箱；2—手电筒式开关；3—左测试台；4—右测试台；5—泵站

（1）电控箱

主要由控制电路和保护电路组成。控制电路用于控制油泵电动机和电磁阀继电器的动作，保护电路用于保护油泵电动机过载和电路漏电。

（2）手电筒式开关

由测试台移动方向控制按键和照明两部分组成。移动方向控制按键用于控制电控箱中各继电器的动作，照明部分能使检查员方便对检查部位进行观察。

（3）泵站

由油泵、电动机、电磁阀、油压表、滤油器和溢流阀等组成。电动机带动油泵工作，电磁阀在继电器作用下控制高压油液流向相应的油缸。而油缸则产生推动左、右测试台测试板的动力。

（4）测试台

包括左测试台和右测试台。按测试台测试板移动方向不同，测试台可分为前后双向移动式，前后左右四向移动式，前后左右再加前左后右（对角线）、前右后左（对角线）八向移动式三种类型。前后双向移动式测试台主要由测试板、油缸、导向结构和壳体等组成，其结构如图 4-44 所示。

2. 工作原理

在手电筒式开关的左、右测试台移动方向控制开关作用下，控制电路控制油泵电动机和电磁阀继电器动作。在电动机带动下，油泵产生高压油液。电磁阀在继电器作用下控制高压油液流向对应的油缸，另一油缸处于卸荷状态。在油缸动力作用下，测试台测试板及其上的悬架装置与转向系统，按导向杆给定的方向移动。换向后，另一油缸产生动力，前一油缸处于卸荷状态，于是测试台测试板上的悬架装置与转向系统，按导向杆给定的相反方向移动，实现了前、后双向对悬架装置与转向系统间隙的检测。

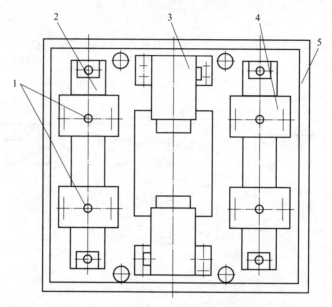

图 4-44　前后双向移动式测试台结构
1—润滑孔；2—倒向杆；3—油缸；4—轴承座；5—壳体

五、声级计

1. 种类

声级计是一种能够把工业噪声、生活噪声和车辆噪声等，按照人耳听觉特性近似地测定其噪声级的仪器，在噪声测量中使用最为广泛。有的声级计不仅能测量声压级，还能与辅助仪器配合进行频谱分析、记录噪声的时间特性或进行振动测量等。用以测量稳定噪声经过计权的总声压级，若与倍频程或 1/3 倍频程滤波器配合，还可对噪声进行频谱分析，测出各中心频率所代表的各频段的声压级。

根据声级计在标准条件下测量 1000Hz 的纯音所表现出的精度，将其分为精密声级和普通声级计两类。普通声级计是最简单的一种，其测量传声器要求不太高，通常采用压电式、电容式、动圈式和驻极体式传声器。整机动态响应范围及频率响应平直范围较窄，一般不与带通滤波器联用。精密声级计的精度比普通声级计高，能与各种带通滤波器配合使用，其测量传声器一般都采用频率响应宽、灵敏度高、指向性和稳定性好的电容传声器。精密声级计可以和电平记录仪、磁带记录仪联合使用，能够记录、储存以及显示信号。脉冲声级计也分普通型和精密型两种。它除了具有同型声级计的测量功能外，还能测定脉冲声的峰值、最大均方根值等参数，具有频响平直范围宽，对瞬变噪声反应快的特点。

2. 结构原理

声级计一般由传声器、前置放大器、衰减器、输入放大器、计权网络、检波器、指示表头和电源等组成。

检测机构常用的 HY104 声级计的外形如图 4-45 所示。

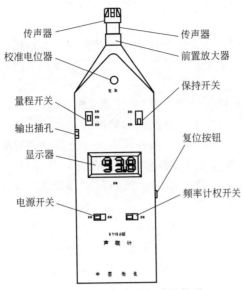

图 4-45　HY104 声级计的外形

HY104 声级计的原理性方框图如图 4-46 所示。

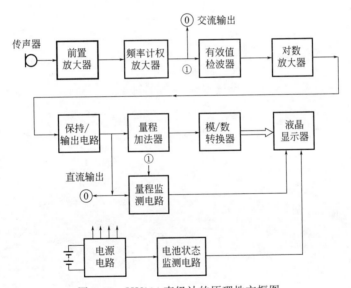

图 4-46　HY104 声级计的原理性方框图

传声器是一种声电换能元件，它将被测噪声信号转换为相应的电气输出，经前置放大器将传声器的高阻输出转换成为后续电路能够接收的低阻信号。信号经过放大，同时进行模拟人耳的频率计权处理（可通过开关选择 A 计权或 C 计权）。在频率计权放大器中有一个量程衰减器，它将整个测量范围分为三段，过载标志和欠量限标志可帮助操作者选择最佳的测量挡位。有效值检波电路将频率计权后的交流信号转换为比例于噪声声压的直流信号，并做 F（快）时间计权处理。对数转换器的输出信号是与被测信号对数相关的，这样便使声级计与人耳对声音的响应特性相吻合。在输出电路中，设置有保持电路，通过开关可使声级计处于最大值保持状态，这样便可测量一段时间内的最大声级。在电输出端口，可得到交流线性信号和直流对数信号，将它们连接到频率分析仪可进行频谱分析，也可送至电平记录仪、磁带录音机进行记录，还可送至统计、分析、计算仪器等进行数据处理。交流输出和直流输出共用一个双声道插孔。

　　来自输出电路的信号同时送至量程加法器，量程加法器根据量程开关的挡位，自动地加上量程底数，使显示器直接显示最后的测量结果，与量程开关的挡位无关，因而无需对读数进行人工修正。

　　从量程加法器输出的模拟信号送至模/数转换器转换为能直接驱动液晶显示器的数字量。测量结果直接显示在液晶显示器上，液晶显示器同时还可显示电池电压低落、过载和欠量限标志。当被测信号超出所选择量程的上限并使声级计过载时，液晶显示器上的右上角将显示过载标志"▲"；当被测信号低于所选择量程的下限时，液晶显示器右下角将显示欠量限标志"▼"。当供电电池电压低于规定值时，便在显示器的左下方显示出电池电压低落标志"→"。

第五章　道路运输车辆检验方法

第一节　检验前的准备

一、仪器设备基本要求

用于道路运输车辆性能检验的仪器设备应符合相关国家或行业标准的规定，并满足使用要求。

凡具计量特性的检验仪器、设备及量具都应检定或校准合格，并在有效期内。

二、被检车辆

检验方法中如无特别说明，被检车辆均为空载。

被检车辆的车身、驾驶室、发动机舱、车厢、底盘和照明信号装置应清洁，无油污。

三、唯一性认定

本项目在人工检验分类中为"唯一性认定"。

受检车辆停放在唯一性认定的指定检查位置，发动机熄火后进行以下项目的检查和测量。

1. 号牌号码、类型、品牌型号查验

目视检查：查验受检车辆的号牌号码、类型、品牌型号，并与道路运输证或 IC 卡或机动车行驶证签注的内容进行比对。

号牌号码、类型、品牌型号与道路运输证或 IC 卡或机动车行驶证签注的内容不符合，视为不合格。受检车辆的品牌型号信息可从车辆铭牌获取。

2. 车身颜色查验

目视检查：查验受检车辆的颜色和外形，并与道路运输证或机动车行驶证上的车辆照片进行比对，查看有无更改车身颜色、改变车厢形状、改变车辆结构等情形。

车身颜色和外形与道路运输证或机动车行驶证上的车辆照片不符合，视为不合格。

3. 发动机号、底盘号或 VIN 号、挂车架号查验

目视检查：查验发动机号、底盘号或 VIN 号、挂车架号，并与机动车行驶证签注的内容进行比对。必要时，可通过拓印、摄像等方法提取，也可用工业镜子和变焦放大镜进行核对。有条件时，还可使用能自动识别车辆识别代号、发动机号码的仪器设备。上述信息不应

有凿改等异常情形。

发动机号通常打刻或铸刻在气缸体上，也有的打刻在缸盖上。

《道路车辆　车辆识别代号（VIN）》（GB 16735—2004）规定，车辆识别代号可直接打刻在车架上，对于无车架车身而言，可以直接打刻在不易拆除或更换的车辆结构件上。车辆识别代号还可打印在标牌上，但此标牌应同样是永久固定在前述车辆结构件上。每一辆车都必须具有唯一的车辆识别代号，并标示于车辆的指定位置。车辆识别代号应尽量标示在车辆右侧的前半部分、易于看到且能防止磨损或替换的车辆结构件上（玻璃除外），如受结构限制，也可放在便于接近和观察的其他位置。车辆识别代号还应标示在产品标牌上（两轮摩托车和轻便摩托车可除外）。M_1、N_1 类车辆的车辆识别代号还应永久地标示在仪表板上靠近风窗立柱的位置，在白天时不需移动任何部件从车外能够分辨出车辆识别代号。

发动机号、底盘号或 VIN 号、挂车架号与机动车行驶证、道路运输证记载的内容不符合，视为不合格。

4. 外廓尺寸查验

只对中、重型货车、挂车（总质量大于 3500kg）以及汽车列车的外廓尺寸进行测量。外廓尺寸测量结果与行驶证或机动车登记证或道路运输证记载的内容进行比对。

按照《汽车和挂车的术语及其定义　车辆尺寸》（GB/T 3730）的定义确定车长、车宽和车高，车辆左、右两侧的外后视镜以及非固定突出部位不记录测量值。

外廓尺寸可采用专用设备，也可采用钢卷尺和高度尺进行检验。检测通道（或检测场地）的长度和宽度应与受检车型相适应，其地面水平高度差：纵向不大于检测通道（或检测场地）长度的 0.1%，横向不大于检测通道（或检测场地）宽度的 0.05%。

采用专用设备检验时，按使用说明书规定的方法进行检验。专用设备示值误差，在长度方向为 ±0.8% 或 ±50mm，在宽度和高度方向为 ±0.8% 或 ±20mm。测量时，受检车辆以规定的速度正直驶过检测通道，不得偏斜，尽量保持匀速。

采用钢卷尺和高度尺时，应在平整的场地，用铅垂将车长、车宽投影在地面，用钢卷尺或其他量具测量投影点的间距，车高可用钢卷尺直接测量，也可以采用高度尺等量具进行测量。

（1）车辆长度和宽度的测量

将车辆停放在平整、硬实的地面上，在车辆前后和两侧突出位置，使用线锤在地面画出"十"字标记，如图 5-1 所示。

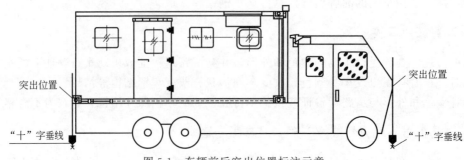

图 5-1　车辆前后突出位置标注示意

为防止车辆前后突出位置不在同一中心线上，影响测试准确度，可将车辆移走，在地面的长宽标记点上分别画出平行线，在地面形成一个长方形框架（可用对角线进行校正），找出车辆中心位置，用钢卷尺分别测出长和宽的直线距离，作为整车的车长和车宽，但 GB/T 3730.3 规定的后视镜、侧面标志灯、示位灯、转向指示灯、挠性挡泥板、折叠式踏板、防滑链以及轮胎与地面接触部分变形，以及法律法规允许加装的其他部件不计入，如图 5-2 所示。

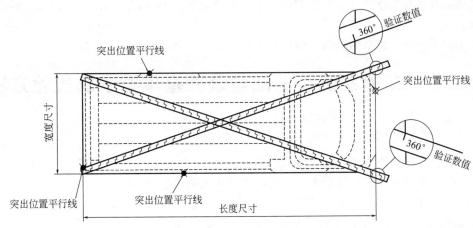

图 5-2　车辆长度和宽度的测量示意

（2）车辆高度的测量

将车辆停放在平整、硬实的地面上，将水平尺放在车辆的最高处并且保持与地面水平。在水平尺一端点放铅垂到地面画出"十"字标记，用钢卷尺测量该端点与地面"十"字标记之间的距离示值即为该车的实际高度，如图 5-3 所示。

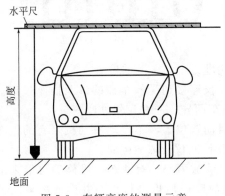

图 5-3　车辆高度的测量示意

重中型货车及挂车的外廓尺寸与行驶证、机动车登记证、道路运输证记载的内容不符，汽车列车的外廓尺寸超过 GB 1589 规定的最大限值时，视为不合格。

5. 货厢栏板高度查验

货车及挂车的货厢栏板高度采用专用设备或钢卷尺人工测量，将测量结果与机动车登记信息、驾驶室两侧喷涂的栏板高度数值进行比对，货车车厢栏板高度的允许误差为±2%或±50mm。

对于与原车规定的栏板高度不符，或货厢栏板高度超过 GB 1589 规定的车辆，视为不合格。GB 1589 规定，挂车及两轴货车的货厢栏板高度不得超过 600mm，两轴自卸车、三轴及三轴以上货车的货厢栏板高度不得超过 800mm，三轴及三轴以上自卸车的货厢栏板高度不得超过 1500mm。

6.客车的座（铺）位数查验

目视检查：将实际座（铺）位数与机动车行驶证签注的内容或道路运输证核定的数量进行比对。

客车的座（铺）位数与道路运输证核定的数量不一致时，视为不合格。

第二节　车辆系统、总成与装置基本要求的检验方法

一、电子控制系统

本项目在人工检验分类中为"故障信息诊断"。

汽车故障电脑诊断仪种类繁多，操作时按使用说明书进行操作。

车辆停放在指定位置，检验员参照以下方法进行故障诊断。

① 根据受检车辆诊断插座的类型选择测试接头。OBD Ⅱ诊断插座是一个包含 16 针的母座，如图 5-4 所示。一般位于汽车方向盘的下方，可按使用说明书指明的位置或在中控台和正、副驾驶座附近查找。

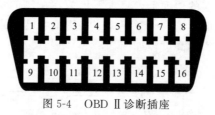

图 5-4　OBD Ⅱ诊断插座

② 关闭发动机，点火钥匙处于"关"的位置。

③ 将汽车故障电脑诊断仪连接到受检车辆的诊断插座接口。电子喷射和高压共轨发动机均有诊断插座，其位置因车而异，通常在驾驶座附近。

④ 将点火钥匙拧到"启动"位置，不启动发动机（有的汽车故障电脑诊断仪需要启动发动机），操作汽车故障电脑诊断仪读取故障码。

⑤ 如存在故障码，应清除故障码。有些车辆维修后可能未清除车载电脑中存储的故障码，为防止误判，应先清除故障码后再进行诊断并读取故障码，此时出现的故障码为真实故障。

⑥ 点火钥匙拧回"关"的位置后，再拧到"启动"位置，再次操作汽车故障电脑诊断仪读取故障码。

⑦ 查看汽车故障电脑诊断仪屏幕是否有故障码输出提示。

⑧ 如有故障码提示，分析显示的故障或根据故障码手册查询故障信息，检查有无与发动机排放控制系统、制动防抱死装置（ABS）、电动助力转向系统（EPS）及其他与行车安全相关的故障信息。

控制系统有与发动机排放控制系统、制动防抱死装置（ABS）、电动助力转向系统（EPS）及其他与行车安全相关的故障信息时，视为不合格。

二、发动机

1. 工作性能

本项目在人工检验分类中为"运行检查"。

受检车辆停放在指定位置，检验员启动发动机 3 次，成功启动次数应不少于 2 次。对于柴油发动机，3 次停机均应有效，不得出现异常情况。启动发动机后，使发动机在怠速、中速和高速，分别运转 10s，均应运转平稳，无异响。

检验结果存在以下情形的，视为不合格：

① 启动发动机 3 次，成功启动次数少于 2 次；

② 柴油发动机，在 3 次连续启/停时，无法正常关闭发动机；

③ 启动发动机后，在怠速、中速和高速下运转不平稳，有异响。

检查时，还应注意发动机启动时消耗的时间，如启动时间过长或无法完成 2 次成功启动，可根据出现的情况判断是否为发动机、起动机或蓄电池故障。

2. 密封性

本项目在人工检验分类中为"底盘检查"。

对于在用车辆，随着使用年限的增加，发动机缸体、油底壳、冷却水道边盖、放水阀、水箱等部件的密封性能会逐渐变差。

由于检查部位的特殊性，所检部位需要检验员在地沟内完成，如所检部位无法检视，可由其他检验员在外观检查时补充进行。

发动机缸体、油底壳、冷却水道边盖、放水阀、水箱等存在油、液滴漏现象，视为不合格。轻微的渗液可视为合格（干迹为渗，湿迹为漏）。

3. 传动带

本项目在人工检验分类中为"外观检查"。

助力转向传送带和空气压缩机传送带是由发动机带动的传动部件。对于皮带传动，主要检查是否存在裂痕、油污和过量磨损，以及皮带松动、张紧力度不够等故障或隐患。空气压缩机皮带过紧，会使空气压缩机曲轴径向间隙减小，曲轴和轴承之间不易形成润滑油膜，容易造成空气压缩机曲轴烧损。空气压缩机皮带过松（打滑），会使空气压缩机转速不够，其排气量和工作压力达不到要求，使汽车制动困难。

检查传送带时，受检车辆停放在指定位置，关闭发动机，开启发动机舱门（盖），检验员通过目视和指压的方法检查发动机舱内助力转向传送带和空气压缩机传送带，以免传送带断裂或打滑造成助力转向及空气压缩机失去动力源而无法正常工作，导致车辆转向和制动失效。

空气压缩机皮带的调整方法如下：松开空气压缩机底座支架上的 3 个紧固螺栓，将调整螺栓顺时针拧动，则皮带张紧。调整皮带的松紧度为：在传动带长度 1/2 处，以 30～50N 的力按下皮带，其挠度为 15～20mm。

不同形式的发动机，其空气压缩机的传动方式有所不同，对于齿轮传动结构，应启动发动机，主要检查齿轮箱是否有异响和漏油。

检验结果存在以下情形的，视为不合格：

① 助力转向、空气压缩机传送带存在裂痕，油污和过量磨损，松紧度不正常；

② 齿轮传动的空气压缩机齿轮箱有异响和漏油现象。

4.燃料供给

本项目在人工检验分类中为"外观检查"。

燃料供给系统主要包括燃料箱、燃料管路及其连接装置或阀门，是车辆安全的敏感系统，一旦有泄漏或存在导致泄漏的条件都将直接威胁行车安全。检查时，应依据要求逐步查验燃料供给系统可视的各个部位，重点检查燃料箱（盖）及可视管路的状态完好性，有无燃油泄漏。

检查燃料供给系统时，受检车辆停放在指定位置，开启发动机舱门（盖），检验员通过目视进行检查，除检查燃料箱、燃料管路是否泄漏外，还要检查安装牢固程度、接头处的紧固、管路老化损坏情况以及燃料箱盖。在没有相关部门改装证明时，不得随意改装或添加燃料箱。

输油管漏油，燃料管路与其他部件有碰擦，软管有老化现象，燃料箱及燃料管路不稳固牢靠，缺少燃料箱盖，燃料箱有改动或加装情形时，视为不合格。

三、制动系统

1.行车制动

（1）制动管路、制动泵及气（油）路、缓速器

本项目在人工检验分类中为"底盘检查"。

被检车辆驶上地沟，在地沟内进行检查，部分检验作业在地面进行。

汽车制动时，制动系统完成制动介质传递制动动力源的压力，直至制动执行机构的完整过程。目前采用的制动系统介质为油和气。气压制动系统示意和液压制动系统示意如图 5-5 与图 5-6 所示。对于系统密封性，不同的制动介质应采用不同的方法进行检查：采用液压制动的车辆，检查制动总泵（主缸）、分泵（轮缸）及制动管路有无制动液泄漏；采用气压制动的车辆，在储气筒已具有一定压力时，关闭发动机，驾驶员踏下制动踏板，检验员在地沟内对所有车轮的制动气室、气阀及制动管路进行巡检，检查有无漏气声，该检查由检验员与

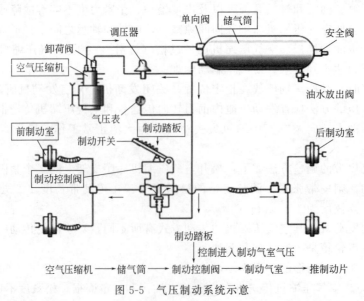

图 5-5　气压制动系统示意

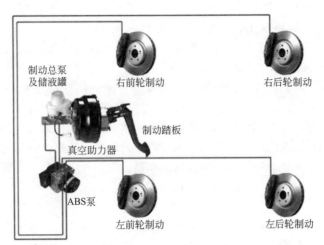

图 5-6 液压制动系统示意

驾驶员配合完成,应尽量避免在嘈杂的环境下进行。

检视制动管路是否稳固,转向时,金属管路及软管与车身或底盘有无运动干涉。

检视制动金属管及软管的可视部分有无弯折、磨损、凸起和扁平等现象,接头处的连接是否可靠;检视液压制动助力系统的真空软管有无磨损、折痕和破裂,接头处的连接是否可靠。

辅助制动装置的作用是避免车辆下长坡时,因连续使用行车制动导致制动器过热产生性能衰退。辅助制动装置主要是缓速器,包括液力缓速器和电涡流缓速器。液力缓速器的结构复杂,但重量轻,且能与传动系统成为一个整体,其制动力矩不受温度的影响;电涡流缓速器虽然结构简单,但重量大,制动扭矩会随着温度升高而降低。

对于安装有缓速器的车辆,采用检验锤敲击(连接螺栓、螺母)和目视的方法,应重点检查线路的连接情况,是否有损伤或松动,检查缓速器连接是否可靠;检视电涡流缓速器外表、定子与转子间是否清洁、有无油污;如装用液压缓速器,检视有无漏油现象。

检验结果存在以下情形的,视为不合格:

① 制动管路固定不牢固,转向时金属管路及软管与车身或底盘存在运动干涉;

② 制动系统有漏气或漏油现象,对于液压制动系统,即使是轻微渗油也应视为不合格;

③ 制动金属管及软管的可视部分有弯折、磨损、凸起和扁平等现象,接头处连接松动;

④ 液压制动助力系统的真空软管有磨损、折痕和破裂,接头处连接松动;

⑤ 缓速器与传动系统部件的连接松动,电涡流缓速器外表、定子与转子间有灰尘、油污,装用的液压缓速器有漏油现象。

(2)制动报警装置和弹簧储能装置

本项目在人工检验分类中为“运行检查”。

受检车辆停放在指定位置,检验员进行如下检查。

① 将点火开关转到“ON”位置(不启动车辆),检视制动系统各故障指示灯的指示状况,所有与制动系统相关的故障指示灯在自检闪亮完成后均应熄灭。

现代汽车制动系统一般都装有一个或多个故障警告灯,包括 ABS 警告灯、EBD 警告灯、制动系统告警灯(气压告警、制动液液位告警)等。ABS 警告灯会监视防抱制动系统,该警告灯在点火开关转到“ON”位置时,会持续点亮约 4s。如 ABS 警告灯一直亮着或是在行驶中点亮,表示制动系统的防抱制动装置(ABS)有故障。如果制动警告灯没有点亮,表示常规的制动系统仍然可以正常工作。如制动警告灯和 ABS 警告灯同时闪亮，防抱制动装置（ABS）和电子式制动力分配系统（EBD）可能失去功能。

② 如制动气压为正常工作压力，检验员踩下并放松制动踏板若干次，使制动气压下降至低于起步气压，检视低气压报警装置或气压仪表是否工作正常（此时气压表应指示在仪表低压端的红色区域），对于安装有弹簧储能制动器的车辆，同时检视制动气室推杆是否有刹车动作。

起步气压是指汽车制造厂标明的车辆能够满足正常制动要求的储气筒最低压力。采用气压制动的车辆，当制动系统的气压低于起步气压时，报警装置应能连续向驾驶人发出容易听到或看到的报警信号。对于安装有弹簧储能制动器的车辆，制动气压低时，车辆应处于制动状态。

检验结果存在以下情形的，视为不合格：

① 制动系统有故障报警；

② 制动气压低于起步气压时，低气压报警装置和气压仪表不能正常工作；

③ 装用弹簧储能制动器的车辆，当制动气压下降至低于起步气压时，气室推杆无动作，车辆未处于制动状态。

（3）储气筒

本项目在人工检验分类中为"底盘检查"。

储气筒是汽车制动的动力源，其技术状况直接影响行车安全。

受检车辆停放在地沟位置，检验员检查储气筒的安装固定以及外观状况。储气筒装在车身两侧的车辆，需在地面进行检查。此外，还需检查排污阀是否畅通。

储气筒安装不稳固，有锈蚀、变形等损伤，储气筒排污（水）阀堵塞，视为不合格。

（4）制动踏板

本项目在人工检验分类中为"运行检查"。

受检车辆停放在指定位置，检验员在驾驶室内检视制动踏板、副制动踏板及其支架的技术状况，应无破损、损坏及防滑面磨光等现象。除检查制动踏板外，也应对制动行程进行检查，液压行车制动在达到规定的制动效能时，踏板行程应小于等于制动踏板全行程的 3/4，制动器装有间隙自动调整装置的机动车踏板行程应小于等于制动踏板全行程的 4/5，且乘用车应小于等于 120mm，其他机动车应小于等于 150mm。

制动踏板、副制动踏板及其支架破裂、损坏、防滑面磨光，视为不合格。

2. 驻车制动

本项目在人工检验分类中为"运行检查"。

受检车辆停放在指定位置，检验员在驾驶室内检视驻车制动装置机件的齐全完好性，操纵驻车制动装置，其功能应可靠有效，不得有卡滞、过度摇晃或失效的现象。

对于机械驻车制动装置，在达到最大制动效能时，驾驶员施加于操纵装置上的力应满足：手操纵时，乘用车应小于等于 400N，其他机动车应小于等于 600N；脚操纵时，乘用车应小于等于 500N，其他机动车应小于等于 700N。

驻车制动装置机件缺失，功能失效，拉杆严重晃动，视为不合格。

四、转向系统

1. 部件连接

本项目在人工检验分类中为"底盘检查"。

受检车辆停放在指定位置，转向轮正直停放在底盘间隙检查仪上，关闭发动机，驾驶员踩下制动踏板，检验员在地沟工位操纵底盘间隙检查仪滑板开关，使转向轮滑板产生方向位移，并借助照明设备和专用手锤等必要的工具对转向机构各部件的连接、固定、锁止和限位进行目视检查。

底盘间隙检查仪是位于地沟工位的辅助设备，设有测量功能，可实现左、右两侧台面分别前、后搓动，也可实现同时向内、外摆动，检验员利用台面移动过程中车轮的位移，通过人工检视完成转向机构的检查。

检查时，应重点关注转向机构各部件连接紧固以及各连杆松旷情况。转向机构各部件的连接、固定、锁止和限位异常，存在卡滞和运动干涉，视为不合格。

2. 部件技术状况

本项目在人工检验分类中为"底盘检查"。

检验员在地沟内检视转向节、转向臂、横直拉杆、转向器摇臂、球销总成有无变形及拼焊；采用检验锤敲击和目视的方法，检查转向节、转向臂、横直拉杆、转向器摇臂、球销总成有无可视的裂纹；操纵底盘间隙检查仪滑板开关使转向轮随滑板产生方向位移，检视转向器摇臂、球销总成及各连杆的连接部位有无松旷；检视转向器壳体和侧盖有无裂损和渗漏油现象。

转向节、转向臂、横直拉杆、转向器摇臂、球销总成有可视的变形、裂纹及拼焊现象，转向器摇臂、球销总成及各连杆的连接部位松旷，转向器壳体和侧盖裂损、渗漏油，视为不合格。

3. 转向助力装置

本项目在人工检验分类中为"底盘检查"。

检验员在地沟内检查转向助力装置的工作状况，转向助力泵、可视管路和储液罐是否有漏油的现象。如有传动带，检查转向时是否有打滑的现象。不同车型转向助力装置的位置也有所不同，如在地沟内检验员不便观察时，可与其他检验员配合检查。

检查时，启动发动机，左、右转动方向盘，提高助力工作压力，检查转向助力装置的工作状况，同时检查助力泵、可视管路和储液罐的密封状况。

转向助力装置不能正常工作，存在传送带打滑和漏油现象，视为不合格。

五、行驶系统

1. 车架、车桥、拉杆和导杆

本项目在人工检验分类中为"底盘检查"。

检验员在地沟工位，借助手锤等必要的工具，对车架、车桥、拉杆及导杆进行检视。由于车辆结构的限制以及在用车辆部件不可避免的轻微缺陷，技术要求中规定的检查部位以及查找的缺陷均为可视部位和可视缺陷，对于车架不可视的部位不进行拆解检查。

（1）车架

在地沟内，检视全承载式结构的车身以及非全承载式结构的车架纵梁、横梁有无开裂和变形等损伤，铆钉、螺栓是否齐全有效。

汽车车身结构有非承载式车身、承载式车身和半承载式车身。采用非承载式车身的车辆多是卡车、专业越野车；非承载式车身有刚性车架，这种车架一般是矩形或者梯形结构，布置在车身的最底部；该结构的最大优点就是车身强度高，钢架能够提供很强的车身刚性，有利于提高安全性。采用承载式车身的车辆多是乘用车和客车；承载式车身的外壳、车顶、地板以及 A、B、C 三根柱都是连接在一起的；承载式车身的优点是重量轻，重心较低，车内空间利用率比非承载式车身结构更高；但承载式车身的抗扭刚性和承载能力相对较弱。

（2）车桥

在地沟内，检视车桥的桥壳有无可视的裂纹及变形，车桥密封是否良好，有无漏油现象。

（3）拉杆和导杆

在地沟内，晃动拉杆和导杆，检视车桥与悬架之间的拉杆和导杆有无松旷、移位及可视的变形和裂纹。

检验结果存在以下情形的，视为不合格：

① 全承载式结构的车身以及非全承载式结构的车架纵梁、横梁有开裂和可视变形等损伤，铆钉螺栓缺失；

② 车桥的桥壳有可视的裂纹及变形，车桥有漏油现象；

③ 拉杆和导杆存在松旷、移位现象，有可视的变形和裂纹。

2. 车轮及螺栓、螺母

本项目在人工检验分类中为"外观检查"。

车辆停放在指定位置，检验员在地面上检视各车轮的轮辋有无裂纹，车轮及半轴的螺栓、螺母是否齐全完好。对于疑似松动和损伤的螺栓、螺母，采用检验锤敲击和目视的方法，检查螺栓、螺母是否连接可靠；检视各车轮有无安装有碍于观察螺栓、螺母技术状况的装饰罩和装饰帽。

检验结果存在以下情况，视为不合格：

① 轮辋有裂纹，车轮及半轴的螺栓、螺母缺损或松动；

② 车轮安装有碍于观察螺栓、螺母技术状况的装饰帽和装饰罩。

3. 轮胎

本项目在人工检验分类中为"外观检查"。

检验员在地面和地沟内检视各个轮胎内外侧胎壁、胎冠、规格、速度级别、气压、类型、是否采用翻新胎以及备胎等。

① 检视各轮胎的胎冠、胎壁有无长度超过 25mm 或深度足以露出帘布层的破裂和割伤以及凸起、异物刺入等影响使用的缺陷，并装轮胎间有无异物嵌入。

轮胎常见的损伤和缺陷有破裂、凸起、变形、割伤、裂纹、异物刺入、并装轮胎异物嵌入等。

② 检视各轮胎磨损情况。无磨损标志或标志不清的轮胎，当其花纹深度与规定限值接近而无法准确判定时，采用轮胎花纹深度尺或专用设备测量胎冠花纹深度。具有磨损标志的轮胎，检视胎冠的磨损是否触及磨损标志。

轮胎两侧肩部处一般模刻出指明胎面磨耗标志位置的"▲"标记，通常每个轮胎圆周内的花纹深度标志不少于 4 个。检查轮胎花纹深度时，首先查看轮胎胎冠磨损是否触及磨损标志，无磨损标志或标志不清的轮胎，可通过目视定性判断，当其花纹深度与规定限值接近而无法准确判定时，应采用轮胎花纹深度尺或专用设备在胎冠磨损程度最严重的部位测量花纹深度。技术等级评定时，轮胎花纹深度为分级项，需测量实际值。

③ 检视同轴轮胎的规格和花纹是否相同。

④ 检视各轮胎的速度级别，是否不低于车辆最高设计车速的要求。

机动车所装用轮胎的速度级别不应低于该车最大设计车速的要求，但装用雪地轮胎时除外。轮胎速度级别符号与最高行驶速度的对应关系见表 5-1。

表 5-1　轮胎速度级别符号与最高行驶速度对应关系

速度级别符号	最高行驶速度/(km/h)	速度级别符号	最高行驶速度/(km/h)
C	60	P	150
D	65	Q	160
E	70	R	170
F	80	S	180
G	90	T	190
J	100	U	200
K	110	H	210
L	120	V	240
M	130	W	270
N	140	Y	300

⑤ 采用检验锤敲击和目视的方法，巡检各轮胎的充气状况，必要时用气压表测量轮胎气压。

轮胎气压以及轮胎完好程度对制动性能、燃料消耗量、转向轮侧滑量以及车速表检验等线内检验项目的检验结果有较大的影响，因此必须保证线内检验时轮胎气压正常。

⑥ 检视客车和危险货物运输车的所有车轮、货车的转向轮是否装用翻新的轮胎。

轮胎翻新循环利用有利于节约资源保护环境。但鉴于市场上的翻新轮胎质量状况，现行法规规定机动车转向轮不得装用翻新轮胎。正规翻新胎按翻新部位分为顶翻、肩翻和全翻，按翻新工艺分为冷翻和热翻。

⑦ 检视车长大于 9m 的客车和危险货物运输车是否装用子午线轮胎，卧铺客车是否装用无内胎子午线轮胎。

⑧ 检查是否随车配备备用轮胎，固定是否牢固。

检验结果存在以下情况，视为不合格：

① 轮胎的胎冠、胎壁有长度超过 25mm 或深度足以露出帘布层的破裂和割伤以及凸起、异物刺入等影响使用的缺陷，并装轮胎间有异物嵌入；

② 轮胎磨损超过限值；

③ 同轴轮胎的规格和花纹不同；

④ 轮胎的速度级别低于车辆最高设计车速；

⑤ 轮胎的气压不符合规定；

⑥ 客车和危险货物运输车的任一车轮、货车的转向轮装用翻新的轮胎；

⑦ 车长大于 9m 的客车和危险货物运输车未装用子午线轮胎，卧铺客车装用无内胎子午线轮胎；

⑧ 未随车配备备用轮胎，固定不牢固。

4. 悬架

本项目在人工检验分类中为"底盘检查"。

检验员在地沟内采用检验锤敲击和目视相结合的方法，检查悬架的弹性元件，包括钢板弹簧、螺旋弹簧或空气弹簧，同时检查悬架部件连接和减振器，重点检查弹性元件 U 形螺栓及螺母。

（1）弹性元件

悬架弹性元件的检查在地沟内进行。对于钢板弹簧，检视有无裂纹、缺片、加片、断裂、塑性变形和功能失效等现象。对于空气弹簧，采用检验锤敲击和目视的方法，检查空气弹簧的气密性和外观状况。同时检视悬架的弹性元件是否安装牢固。

（2）悬架部件连接

悬架部件连接的检查在地沟内进行。采用检验锤敲击和目视的方法，检视悬架的弹性元件总成、减振器、导向杆（若装配）等部件是否连接可靠，钢板弹簧的 U 形螺栓、螺母是否齐全紧固，吊耳销（套）有无松旷和断裂，锁销是否齐全有效。

（3）减振器

检视减振器是否稳固有效，有无漏油现象。

检验结果存在以下情形的，视为不合格：

① 悬架的弹性元件安装不牢固，存在裂纹、缺片、加片、断裂、塑性变形和功能失效等现象，空气弹簧有泄漏；

② 悬架的弹性元件总成、减振器导向杆等部件连接松动，钢板弹簧的 U 形螺栓、螺母缺失或松动，吊耳销（套）松旷、断裂，锁销失效；

③ 减振器晃动、失效，有漏油现象。

六、传动系统

1.离合器、变速器及传动件异响

本项目在人工检验分类中为"运行检查"。

受检车辆停放在指定位置，检验员操作车辆起步并行驶 20m 以上，利用目视、耳听、操作感知等方式进行以下检查：

① 进行换挡操作，检查离合器接合是否平稳、分离是否彻底、操作是否轻便，有无异响、打滑、抖动和沉重等现象；

② 进行换挡操作，检查变速器操纵是否轻便、挡位是否准确，有无异响；

③ 检查传动轴、主减速器和差速器有无异响。

检验结果存在以下情形的，视为不合格。

① 离合器结合不平稳，分离不彻底，车辆有顿挫感，踩踏沉重，有异响、打滑、抖动等现象；

② 变速器操纵沉重，挡位不准确，有异响；

③ 传动轴、主减速器和差速器有异响。

2.万向节与轴承、变速器密封性

本项目在人工检验分类中为"底盘检查"。

检验员在地沟内进行以下检查：

① 晃动传动轴，检视万向节、中间轴承有无松旷及可视的裂损。

② 检视变速器有无滴漏油现象。

在用车辆随着使用年限的增加，变速器的密封性会逐渐变差。变速器不得有油液滴漏现象，轻微的渗油可视为合格。

万向节、中间轴承松旷，有可视的裂损，变速器滴漏油，视为不合格。

七、照明、信号装置和标识

本项目在人工检验分类中为"外观检查"。

受检车辆停放在指定位置，检验员依次进行下列检查。

1. 外部照明和信号装置

外部照明和信号装置主要包括前照灯、转向灯（前/后/侧）、制动灯、示廓灯（前/后）、危险报警灯（前/后）、雾灯（前/后）、倒车灯和牌照灯等。宽度大于 2100mm 的机动车应安装示廓灯。汽车（三轮汽车除外）均应具有危险警告信号装置，其操纵装置不应受灯光总开关的控制，对于牵引挂车的汽车，危险警告信号控制开关也应能打开挂车上的所有转向信号灯，即使在发动机不工作的情况下，仍应能发出危险警告信号。

开启外部照明和信号装置，检视前照灯、转向灯、示廓灯、危险报警闪光灯和雾灯等信号装置是否齐全、完好、有效。对称设置、功能相同的灯具，其光色和亮度不应有明显差异。此项检查一般由两名检验员配合进行。

2. 前照灯远、近光光束变换功能

操作前照灯远、近光变换开关，检视远、近光光束变换功能是否正常。此项检查一般由两名检验员配合进行。

3. 反射器与侧标志灯

机动车应装置后反射器，挂车及车长大于等于 6m 的机动车应安装侧反射器和侧标志灯，反射器应与机动车牢固连接。牵引杆挂车应在挂车前部的左右位置各装一个前白后红的标志灯，其高度应比牵引杆挂车的前栏板高出 300～400mm，距车厢外侧应小于 150mm。

检视车辆的后反射器、侧反射器和侧标志灯是否齐全，有无损毁。

4. 货车车身反光标识和尾部标志板

总质量大于等于 12000kg 的货车（半挂牵引车除外）和货车底盘改装的专业作业车、车长大于 8.0m 的挂车以及所有最大设计车速小于等于 40km/h 的汽车和挂车，应设置符合 GB 25990 规定的车辆尾部标志板，半挂牵引车应在驾驶室后部上方设置能体现驾驶室的宽度和高度的车身反光标识，其他货车、货车底盘改装的专项作业车和挂车（设置有符合规定的车辆尾部标志板的除外）应在后部设置车身反光标识，后部的车身反光标识应能体现机动车后部的高度和宽度，对厢式货车和挂车应能体现货厢轮廓。

所有货车（半挂牵引车除外）、货车底盘改装的专项作业车和挂车，应在侧面设置车身反光标识，侧面的车身反光标识长度应大于等于车长的 50%，对侧面车身结构无连续平面的专项作业车，应大于等于车长的 30%，对货厢长度不足车长 50% 的货车应为货厢长度。

货车、专项作业车和挂车（组成拖拉机运输机组的挂车除外）的车身反光标识材料应符合 GB 23254 的规定，其中厢式货车和厢式挂车应装备反射器型车身反光标识。

检视货车侧面及后部的车身反光标识和尾部标志板的适用车型、长度、尺寸、位置是否符合相关规定，是否完好、有无污损。

检验结果存在以下情形的，视为不合格：

① 前照灯等外部照明装置以及转向灯、示廓灯、危险报警闪光灯和雾灯等信号装置缺损失效；

② 远、近光光束变换功能异常；

③ 后反射器、侧反射器和侧标志灯缺损；

④ 货车侧面及后部的车身反光标识和尾部标志板的适用车型、长度、尺寸、位置不符合相关规定，状态不完整，有污损现象。

八、电气线路及仪表

随着车辆使用年限的增加，车上导线的技术状况会逐渐变差，特别是发动机舱内线束以及其他部位线束的导线绝缘老化、导线破损、导体外漏等有可能造成短路，产生火花，极易引起车辆自燃和火灾事故。车速、里程、水温、机油压力、气压等信号指示装置和卫星定位系统车载终端功能失效，会对车辆行车安全性能、动态监管以及安全监控产生严重影响，尤其是客车和危险货物运输车辆，应引起重视。

1. 导线

本项目在人工检验分类中为"外观检查"。

客车发动机舱内和其他热源附近的线束采用耐温不低于 125℃ 的阻燃电线，其他部位的线束采用耐温不低于 105℃ 的阻燃电线，但在使用中可能受损，线束布置、固定以及接头连接状态也可能发生变化。

受检车辆停放在指定位置，打开发动机舱门（盖），检验员采用目视方法进行下列检查：

① 发动机舱内线束以及其他部位可视线束的导线绝缘层有无老化、皲裂和破损，导体有无外露，线束固定是否可靠；

② 电缆线及连接蓄电池的接头是否牢固，有无绝缘套；

③ 线束穿过金属孔时有无绝缘护套。

检验结果存在以下情形的，视为不合格：

① 发动机舱内线束以及其他部位线束的导线绝缘层老化、皲裂和破损，导体外露，线束散乱无固定；

② 电缆线及连接蓄电池的接头松动，无绝缘套；

③ 线束穿过孔洞时无绝缘护套。

2. 仪表与指示器

本项目在人工检验分类中为"运行检查"。

车辆停放在指定位置，检验员启动车辆，并以不小于 20km/h 的速度行驶 20m 以上，检视车速表和里程表工作状况。停车后，保持怠速状态，检视水温、机油压力、电流或电压或充电指示、燃油、气压等信号指示装置工作情况。

车速、里程、水温、机油压力、电流或电压或充电指示、燃油、气压等信号指示装置不能正常工作，视为不合格。

3. 卫星定位系统车载终端

本项目在人工检验分类中为"运行检查"。

旅游客车、包车客车、三类及以上班线客车、危险货物运输车辆、N_3 类载货汽车和半挂牵引车应装有具有行驶记录功能并符合 GB/T 19056 和 JT/T 794 规定的卫星定位系统车载终端。

受检车辆停放在指定位置，检验员采用按键启动或插入 SD 卡或其他方式启动卫星定位系统车载终端进行自检，通过信号灯或显示屏观察卫星定位及通信模块、主电源、卫星天线、与终端主机相连的摄像头的工作状态，自检通过视为合格。

卫星定位及通信模块、主电源、卫星天线、与终端主机相连的摄像头的工作异常，自检未通过，视为不合格。

九、车身

车身部分应重点检查车门应急控制器、应急门、安全顶窗、玻璃破碎装置等预防事故后二次伤害的安全设施及装置，车身外观是否周正，货车货厢、车门、拦板和底板、可能使人致伤的尖锐凸起物、栏板锁止机构以及驾驶员视野等涉及车辆安全和人身伤害的部位及部件。

1. 门窗及照明

本项目在人工检验分类中为"外观检查"。

受检车辆停放在指定位置，检验员检查动力启闭车门（客车车门）的车内应急控制器件、应急门和安全顶窗机件，对于封闭式客车，检查车内玻璃破碎装置（包括安全手锤）的配备情况及放置位置，同时检查所有门、窗玻璃以及客车车厢灯和门灯。

检验结果存在以下情形的，视为不合格：

① 采用动力启闭车门的应急控制器机件缺损，无应急控制器标志及操作说明或标志，或操作说明损毁；

② 客车的应急门和安全顶窗机件不全或损毁；

③ 客车的应急窗是否易于开启，封闭式客车车内未配备玻璃破碎装置或数量与规定不符，玻璃破碎装置放置位置不正确；

④ 门、窗的玻璃有长度不小于 25mm 且易导致破碎的裂纹和穿孔，影响密封性；

⑤ 客车车厢灯和门灯不能正常工作。

2. 车身外观

本项目在人工检验分类中为"外观检查"。

车辆停放在指定位置，检验员检查受检车辆的车身与驾驶室、车身高度差、尖锐凸起物、车身表面涂装、货车货厢车门、栏板和底板、栏板锁止机构以及妨碍驾驶员视野的附加物及镜面反光遮阳膜。

按以下方法检测车身高度差：被检车辆停放于平整的场地，采用钢卷尺，在距地 1.5m 高度内，测量第一轴和最后轴上方的车身两侧对称部位的高度，半挂车测量最后轴上方两侧对称部位高度，计算高度差。

检验结果存在以下情形的，视为不合格：

① 客车车身和货车驾驶室有超过 3 处的轻微开裂、锈蚀和明显变形，缺陷部位影响安全性和密封性，允许车身表面涂装有轻微划伤；

② 车身两侧对称部位高度差不符合规定；

③ 车身外部和内部有可能使人致伤的尖锐凸起物；

④ 车身表面涂装有明显破损，补漆颜色与原色色差过大；

⑤ 货车货厢车门、栏板和底板有可视的变形和破损，栏板锁止机构损坏或失去作用；

⑥ 驾驶室车窗玻璃张贴有妨碍驾驶员视野的附加物及镜面反光遮阳膜。

十、附属设备

车辆视镜等附属设施的要求中，汽车后视镜和风窗刮水器等是汽车产品公告的强检项目。

1. 后视镜和下视镜

本项目在人工检验分类中为"外观检查"。

机动车的左、右位置应至少各设置一面后视镜，总质量大于7500kg的货车和货车底盘改装的专项作业车还应在右侧至少设置广角后视镜和补盲后视镜各一面。车长大于等于6m的平头汽车车前应至少设置一面前下视镜或相应的监视装置，以保证驾驶人能看清风窗玻璃前下方长1.5m、宽3m范围内的情况。教练车（三轮汽车除外）应安装有符合规定的辅助后视镜，以使教练员能有效观察到车辆周围的交通状态。对于汽车列车，当所牵引挂车的宽度超过牵引车宽度时，牵引车应加装后视镜加长架（延长支架），以保证其后视镜的视野满足要求。

受检车辆停放在指定位置，检验员在车内外分别检查左右后视镜、内后视镜和下视镜状态，对于装有补盲镜、广角镜等其他试镜的车辆，一并进行检查。

左右后视镜、内后视镜、下视镜以及其他装车视镜存在破损，丧失功能，不能有效保持其位置，视为不合格。

2. 风窗刮水器、洗涤器

本项目在人工检验分类中为"运行检查"。

受检车辆停放在指定位置，检验员在车上开启风窗刮水器和洗涤器，检视刮水器、洗涤器工作情况，然后关闭刮水器检查其回位情况。风窗刮水器和洗涤器的检查可同步进行，建议先检查洗涤器，并使风窗在湿态下对刮水器进行检查。

刮水器不动作或各挡刷频率异常，刮水器关闭时刮片不能自动返回初始位置，洗涤器不能正常工作，视为不合格。

3. 防眩目装置

本项目在人工检验分类中为"运行检查"。

受检车辆停放在指定位置，检验员在车上操作防眩目装置，检视其完好性及有效性。

驾驶室内的防眩目装置缺损或失效，视为不合格。

4. 除雾、除霜装置

本项目在人工检验分类中为"运行检查"。

受检车辆停放在指定位置，检验员在车上开启除雾、除霜装置开关，对于前风窗玻璃，应有风吹其表面。对于后风窗玻璃和带有除雾、除霜功能的外后视镜，开启除雾、除霜装置开关一定时间后，后风窗玻璃表面和外后视镜表面应有热量产生。

开启除雾、除霜装置开关后，前风窗玻璃无风吹其表面时，视为不合格。

5. 排气管和消声器

本项目在人工检验分类中为"底盘检查"。

排气管和消声器漏气可导致尾气排放检验和燃料消耗量检验数据失真。利用碳平衡法检测燃油消耗量时，排气管及消声器不得有泄漏。

检验员在地沟工位，借助手锤等工具检查排气管和消声器的完好性及固定情况。

排气管、消声器存在锈蚀穿孔、开裂、破裂等缺陷，视为不合格。

十一、安全防护

1. 安全带

本项目在人工检验分类中为"外观检查"。

客车、货车及乘用车的所有座椅均应配备安全带。

受检车辆停放在指定位置，检验员在车上检视并操作安全带，重点对安全带的锁扣锁止有效性、安全带的自动卷收以及织带状况进行检验核查，以确保其功能有效。重点关注汽车安全带的损坏情形、坐垫套覆盖遮挡安全带情形、安全带绑定在座位下面情形。

不按规定配备安全带，安全带的机件不全，锁扣锁止、自动卷收失效，织带破损，以及存在坐垫套覆盖遮挡安全带、安全带绑定在座位下面的情形，视为不合格。

2. 侧面防护装置、后部防护装置

本项目在人工检验分类中为"外观检查"。

总质量大于3500kg的货车（半挂牵引车除外）和挂车应提供防止人员卷入的侧面防护。货车列车的货车和挂车之间应提供防止人员卷入的侧面防护。总质量大于3500kg的货车（半挂牵引车除外）和挂车（长货挂车除外，长货挂车是指为搬运无法分段的长货物而专门设计和制造的特殊用途车）的后下部应装备后下部防护装置，该装置对追尾碰撞的机动车应具有足够的阻挡能力，以防止发生钻入碰撞。

受检车辆停放在指定位置，检验员目视检查侧面防护装置、后部防护装置的完好性、稳固性和有效性。

未按规定安装侧面防护装置和后部防护装置，或防护装置严重变形，连接松动（脚蹬晃动即会产生摇摆和移位）、材料选择不当导致的强度、刚度不足等，视为不合格。

3. 保险杠

本项目在人工检验分类中为"外观检查"。

乘用车和车长小于6m的客车前后部应设置保险杠，货车（三轮汽车除外）和货车底盘改装的专项作业车，应设置前保险杠。

受检车辆停放在指定位置，检验员目视检查保险杠的完好性、稳固性和有效性。

未按规定安装保险杠或保险杠缺失、损裂、连接松动等，视为不合格。

4. 牵引装置和安全锁止机构

本项目在人工检验分类中为"外观检查"。

受检车辆停放在指定位置，对于汽车列车，检验员检查牵引装置的连接和安全锁止机构，对于集装箱运输车，检查固定集装箱箱体的锁止机构，必要时进行操作检查。

检验结果存在以下情形的，视为不合格：

① 汽车列车牵引装置的连接和安全锁止机构状态异常，机件或结构有损伤；

② 集装箱运输车固定集装箱箱体的锁止机构存在断损、裂损或失效。

5. 安全架与隔离装置

本项目在人工检验分类中为"外观检查"。

货车货厢（自卸车、装载质量 1000kg 以下的货车除外）前部应安装比驾驶室高至少 70mm 的安全架。封闭式货车在最后排座位的后方应安装具有足够强度的隔离装置。

受检车辆停放在指定位置，对于栏板货车，检验员检查货车车厢前部安装的安全架，对于驾驶员和货物同在车厢内的厢式车，检查车内的隔离装置。

未按规定安装安全架和隔离架，安全架和隔离架存在缺损或连接不牢固，视为不合格。

6. 灭火器材、警示牌和停车楔

本项目在人工检验分类中为"外观检查"。

客车的客舱、货车的驾驶室应配备灭火器，灭火器在车上应安装牢靠并便于取用。对于客车，仅有一个灭火器时，应设置在驾驶员附近；当有多个灭火器时，应在客厢内按前、后，或前、中、后分布，其中一个应靠近驾驶人座椅。汽车（无驾驶室的三轮汽车除外）应配备三角警告牌，三角警告牌在车上应妥善放置。汽车应随车配备不少于 2 个停车楔。

受检车辆停放在指定位置，进行以下检查：

① 检视是否随车配备灭火器，灭火器是否在有效期内，安装是否牢靠和便于取用，数量及放置位置是否符合规定；

② 检视是否随车配备三角警告牌，是否妥善放置；

③ 检视是否随车配备停车楔，数量是否不少于两个，是否妥善放置。

未按规定配备灭火器、三角警告牌和停车楔，数量及放置位置不符合规定，灭火器超过有效期，视为不合格。

7. 危险货物运输车辆安全装置与标志

本项目在人工检验分类中为"外观检查"。

运送易燃易爆货物车辆的排气管应装在罐体或厢体前端面之前，且不高于车辆纵梁上平面的区域。隔热和熄灭火星装置以及尾部导静电拖地带应完好无破损。

根据 GB 20300 的要求，道路运输爆炸品和剧毒化学品车辆除应安装符合 GB 13392 要求的标志牌和标志灯外，还应在车辆后部安装安全标示牌（白底黑字），在车辆的后部和两侧应粘贴宽度为（150±20）mm 的橙色反光带，以标示车辆的轮廓。并且，厢式道路运输爆炸品和剧毒化学品车辆的货厢外部颜色应为浅色。

罐式危险货物运输车辆还应在罐体两侧后部色带的上方喷涂装运介质的名称，字高不小于 200mm，字体为仿宋字，字体颜色：易燃、易爆类介质为红色；有毒、剧毒类介质为黄色；腐蚀、强腐蚀介质为黑色；其余介质为蓝色。

道路运输危险货物车辆应按照规定放置符合标准要求的标志灯、标志牌。标志灯安装于驾驶室顶部外表面中前部（从车辆侧面看）中间（从车辆正面看）位置，以磁吸或顶檐支撑、金属托架方式安装固定。对于带导流罩车辆，可视导流罩表面流线型和选择的金属托架角度确定安装位置，允许自制金属托架，允许在金属托架与导流罩间加衬垫，应保证标志灯安装正直。

标志牌一般悬挂在车辆后厢板或罐体后部的几何中心部位附近，避开车辆放大号；低栏板车辆可视情况选择适当的悬挂位置。悬挂的标志牌应与所运载危险货物的类、项相对应，与标志灯同时使用。对于罐式车辆，可选择按规定位置悬挂标志牌或以反光材料按相应规定在罐体上喷绘标志。运输爆炸、剧毒危险货物的车辆，应在车辆两侧面厢板几何中心部位附近的适当位置各增加一块悬挂标志牌。运输放射性危险货物的车辆，标志牌的悬挂位置和数量应符合《放射性物质安全运输规程》（GB 11806）的规定。根据车辆结构或用途，可选择螺栓固定、铆钉固定、胶黏剂粘贴固定或插槽固定（可按使用需要随时更换）等方式安装固定标志牌。

受检车辆停放在指定位置，进行以下检查。

① 对运送易燃易爆货物车辆进行如下检查：是否备有灭火器材，其数量、放置位置及固定是否符合相关规定。排气管是否装在罐体或厢体前端面之前且不高于车辆纵梁上平面的区域。隔热和熄灭火星的装置是否完好；电路系统是否有切断总电源和隔离电火花的装置，该装置是否安装在驾驶室内；车辆尾部的导静电拖地带是否完整有效，有无破损。

② 检视危险货物运输车辆、运输爆炸品和剧毒化学品车辆以及运输液体危险货物罐式车辆的标志和标识是否齐全、完整、清晰、无污损，安装位置是否符合规定。

③ 检查装运危险货物的罐（槽）式车辆，其罐体是否具备有效的检验合格证明或报告。

④ 检视装运大型气瓶、可移动罐（槽）等的车辆，是否设置有效的紧固装置，有无松动。

检验结果，存在以下情形的，视为不合格：

① 未按规定配备灭火器材，数量、放置位置及固定不符合相关规定，排气管安装位置不正确，隔热和熄灭火星装置不完好；

② 电路系统未安装切断总电源和隔离电火花装置，该装置未安装在驾驶室内；

③ 尾部导静电拖地带不完整，有破损；

④ 标志和标识不齐全，不完整，不清晰，有污损，安装位置不符合规定；

⑤ 装运危险货物的罐（槽）式车辆的罐体无有效检验合格证明或报告；

⑥ 装运大型气瓶、可移动罐（槽）等的车辆，未设置有效的紧固装置，或紧固装置存在松动。

第三节　动力性检验方法

一、最高车速的检验方法

《道路运输车辆综合性能要求和检验方法》（GB 18565—2016）规定申请从事道路运输的货车满载条件下的最高设计车速应不小于 70km/h，满载最高车速试验方法执行 GB/T 12544 的规定。

根据《汽车最高车速试验方法》（GB/T 12544—2012），最高车速试验可在直线道路或环形道路上进行。可采用直线双向试验、直线单向试验或环形道路试验。

1. 直线双向试验

要求道路测量区长度至少为 200m。试验中车辆行驶车速变化不应超过 2%。每个方向上的试验不少于 1 次，所用时间变化不超过 3%。

2. 直线单向试验

由于试验道路的自身特性，汽车不能从两个方向达到其最高车速，允许只从一个方向进行试验。但要求连续 5 次重复进行行驶试验，风速在车辆行驶方向的水平分量不超过 ±2m/s。

考虑到风速影响，需要对 5 次测量的最高车速进行修正，去掉 2 个极值后的 3 次平均值即为汽车的最高车速。

3. 环形道路试验

要求环形道路总长度应不小于 2000m，环形部分的曲线半径应不小于 200m，这样离心力通过曲线横向面补偿，不对方向盘进行任何操作，车辆可以正常行驶。

汽车以最高车速在道路上至少行驶 3 次，且不对方向盘施加任何动作以修正行驶方向。每次的测量时间差异不超过 3%。

用汽车行驶一圈的平均时间和实际行驶的单圈环形道路的长度计算最高车速。考虑到环形道路离心力的影响以及随之发生的汽车方向的变化，采用经验因数对最高车速进行修正。

二、驱动轮轮边稳定车速检验方法

《道路运输车辆综合性能要求和检验方法》（GB 18565—2016）规定在用道路运输车辆动力性检验按 GB/T 18276 规定的驱动轮轮边稳定车速检验方法进行。

1. 检验准备

① 底盘测功机电气系统应预热。

② 采用反拖电动机或车辆驱动滚筒预热台架转动部件，直至底盘测功机滑行时间趋于稳定。底盘测功机台架的转动部件充分预热才能保证台架的内阻趋于稳定。

③ 登录被检车辆的以下参数信息，对于检验机构数据库或车辆行驶证无法提供的参数，应从车辆登记证、产品说明书、发动机铭牌等处查取。

a. 压燃式发动机额定功率（当发动机功率参数仅以最大净功率表征时，额定功率取 1.11 倍的净功率），单位为 "kW"。

b. 点燃式发动机额定扭矩，单位为 "N·m"；额定扭矩转速，单位为 "r/min"。

c. 驱动轴空载质量，单位 "kg"。

液化燃气（LNG）车辆按压燃式发动机车辆的动力性检测方法，压缩燃气车辆（CNG）按点燃式发动机车辆的动力性检测方法。

不同发动机的铭牌功率的表征方式有所不同，一般有额定功率和最大净功率两种形式。对于压燃式发动机车辆，应以额定功率作为登录参数，当发动机功率参数以最大净功率表征时，额定功率取 1.11 倍的最大净功率。对于点燃式发动机车辆，当发动机铭牌扭矩以最大扭矩表征时，最大扭矩即为额定扭矩。发动机的功率和扭矩参数可通过发动机铭牌、车辆铭牌、机动车登记证、道路运输证、使用说明书以及车型数据库等获取。

用于计算轮胎滚动阻力的驱动轴空载质量，可从车型数据库或检测数据库的历史数据中调取，或采用独立式轮（轴）重仪测取，并在进入动力性检验工位前录入计算机系统。

④ 预热发动机、传动系统达到正常工作的温度状况。

车辆的发动机和传动系统应达到正常工作的温度状况，以使车辆的动力性能够充分发挥。

⑤ 被检车辆空载，轮胎表面干燥、清洁无油污，驱动轴轮胎的花纹深度不小于 1.6mm，轮胎花纹内和并装轮胎间无异物嵌入，轮胎气压符合规定。

⑥ 关闭空调系统等汽车运行非必需的耗能装置。

关闭受检车辆的空调刮水器、音响以及所有的灯光信号装置，使车辆的能耗全部用于动力输出。

⑦ 对于并装双驱动轴车辆，应使桥间差速器不起作用。

有些并装双驱动轴车辆装有桥间差速器，该类车辆共使用 3 个差速器，其中 2 个相当于常规的差速器，使该轴上的左、右轮产生差速，另外一个装在变速箱出来的传动轴上，发动机传动轴传递过来的力通过该差速器后再分别传给两个驱动轴。这类车辆有些装有桥间差速锁止开关，其作用一是可以通过自适应感知两个驱动轴的受力情况，对动力进行调节分配，当其中一轴整体打滑时，可以通过差速器锁止，使动力传递至不打滑的另外一轴；二是通过差速锁止开关选择单独驱动或双轴驱动。动力性检测时，应使桥间差速器不起作用（即双轴驱动），保证两个驱动轴均有动力输出。

⑧ 两用或双燃料车辆取发动机燃油额定功率（或额定扭矩），油电（或气电）混合动力车辆取发动机燃油（或燃气）额定功率（或额定扭矩），燃气车辆取发动机燃气额定功率（或额定扭矩），纯电动汽车的动力性不做评价。

2. 压燃式发动机车辆的动力性检验

① 被检车辆驱动轮置于底盘测功机滚筒上，根据车型调整侧移限位和系留装置，在非驱动轮加装停车楔。

② 底盘测功机设置为恒力控制方式，力、速度等参数示值调零。

被检车辆驱动轮置于底盘测功机滚筒上，完成安全系留措施后，底盘测功机的力、速度等参数设置应进行复位调零，用以消除受检车轮作用于滚筒而可能产生的附加力以及出现的零漂，复位工作应由控制系统自动实现。

③ 在底盘测功机不加载的条件下，启动被检车辆，逐步加速，选择直接挡测取全油门的最高稳定车速，并按式（5-1）计算额定功率车速。当最高稳定车速大于 95km/h（对于危险货物运输车辆，其最高稳定车速大于 80km/h）时，应降低一个挡位，并重新测取最高稳定车速。

$$v_e = 0.86 v_a \tag{5-1}$$

式中　v_e——额定功率车速，km/h；

　　　v_a——全油门所挂挡位的最高稳定车速，km/h。

底盘测功机不加载，选择直接挡测取全油门的最高稳定车速 v_a，当最高稳定车速 v_a 大于 95km/h 时，基于安全考虑应降低一个挡位，此时应重新测取最高稳定车速 v_a。对于危险货物运输车辆，其最高稳定车速 v_a 大于或等于 80km/h 时，可能为限速装置及其误差所致，此时也应降低一个挡位，并重新测取最高稳定车速 v_a，所测最高稳定车速 v_a 应小于 80km/h。测取最高稳定车速 v_a 时，必须将加速踏板踩到底，否则不能得到准确的车速值。

最高稳定车速 v_a 的判定取值方法是，当连续 3s 内的车速波动范围（峰-峰值）不超过 1.0km/h 时，取该 3s 内车速的平均值作为最高稳定车速 v_a。

在动力性合格临界点附近检测时，不同挡位会出现检测结果不一致的情况，直接挡易合格，次直接挡不易合格，主要是由于轮胎打滑所致。为确保临界点动力性检测的准确性，尤其是直接挡在车轮驱动力相应减小，车轮滑移减小，更适合雨雪天气的动力性检测，故应尽可能采用直接挡。需要注意的是，检测过程须始终采用由 v_a 确定的同一挡位。

④ 底盘测功机逐步进行恒力加载至 $F_E \pm 20$N 范围内并稳定 3s 后，开始测取车速，当 3s 内的车速波动不超过 ± 0.5km/h 时，该车速即为驱动轮轮边稳定车速 v_w，检测结束。

基于检测工作的安全性考虑，底盘测功机应逐步恒力加载，不得突然增大加载力。

驱动轮轮边稳定车速 v_w 的判定取值方法：底盘测功机加载至 $F_E \pm 20$N 范围内并稳定 3s 后才可测取车速。当前车速与前 3s 内的所有实测瞬态车速之差均不超过 ± 0.5km/h 时，取该 3s 内车速的平均值作为驱动轮轮边稳定车速 v_w。如果底盘测功机恒力加载不能稳定在 $F_E \pm 20N$ 范围内，说明该设备控制系统有问题，不能用于动力性检测。

⑤ 存储数据。存储以下被检车辆相关参数及中间数据：η、P_e、v_e、v_w、F_e、F_E、F_{tc}、F_c、F_f、F_t、α_d 以及环境温度、相对湿度、大气压力。存储的相关参数和中间数据是车辆检测电子档案的一部分，应妥善保存。

3. 点燃式发动机车辆的动力性检验

① 被检车辆驱动轮置于底盘测功机滚筒上，根据车型调整侧移限位和系留装置，在非驱动轮加装停车楔。

② 底盘测功机设置为恒力控制方式，力、速度等参数示值调零。

被检车辆驱动轮置于底盘测功机滚筒上，完成安全系留措施后，底盘测功机的力、速度等参数设置应进行复位调零，用以消除受检车轮作用于滚筒而可能产生的附加力以及出现的零漂，复位工作应由控制系统自动实现。

③ 在底盘测功机不加载的条件下，启动被检车辆，逐步加速，选择变速箱第 3 挡位，采用加速踏板控制车速，当外接转速表（外接转速表无法稳定测取转速时，可观察发动机转速表）的转速稳定指向发动机额定扭矩转速 n_m 时，测取当前驱动轮轮边线速度，记作额定扭矩车速 v_m。当额定扭矩车速 v_m 大于 80km/h 时，应降低 1 个挡位，重新测取额定扭矩车速 v_m。

当额定扭矩转速为 $n_{m_1} \sim n_{m_2}$ 时，n_m 取其均值。当 n_m 大于 4000r/min 时，按 $n_m = 4000r/min$ 测取 v_m。

与压燃式发动机车辆相同，危险货物运输车辆的最高稳定车速 v_a 大于或等于 80km/h 时，可能为限速装置及其误差所致，此时也应降低一个挡位，并重新测取最高稳定车速 v_a，所测最高稳定车速 v_a 应小于 80km/h。

对于汽油发动机，在额定扭矩车速附近的一定转速范围内，扭矩变化较小，发动机转速测量误差或读表误差对检测的准确性影响较小。但为保证发动机额定扭矩转速 n_m 读数的准确性，测取额定扭矩车速 v_m 时，建议外接转速表。

④ 踩下油门踏板使车速超过 v_m，底盘测功机逐步进行恒力加载至 $F_M \pm 20N$ 范围内并稳定 3s 后，开始测取车速，当 3s 内的车速波动不超过 $\pm 0.5km/h$ 时，该车速即为驱动轮轮边稳定车速 v_W，检测结束。

检验员踩下油门踏板使车速超过额定扭矩车速 v_m 后，底盘测功机才可逐步加载，同时检验员控制油门踏板，使车速始终大于额定扭矩车速 v_m，此时不得换挡操作。从检测的安全性考虑，底盘测功机的恒力加载应逐步进行，不得突然增大加载力。

如果底盘测功机恒力加载不能稳定在 $F_M \pm 20N$ 范围内，说明该设备控制系统有问题，不能用于动力性检测。

⑤ 存储数据。存储以下被检车辆相关参数及中间数据：η、M_m、v_m、v_w、n_m、F_m、F_M、F_{tc}、F_c、F_f、F_t、α_d 以及环境温度、相对湿度、大气压力。存储的相关参数和中间数据是车辆检测电子档案的一部分，应妥善保存。

第四节　燃料经济性检验方法

一、申请从事道路运输车辆的燃料经济性检验方法

《道路运输车辆综合性能要求和检验方法》（GB 18565—2016）对申请从事道路运输车

辆的燃料经济性要求：燃用柴油或汽油且最大总质量超过 3500kg 的客车，其燃料消耗量试验方法执行 JT 711 的规定；燃用柴油或汽油且最大总质量超过 3500kg 的货车，其燃料消耗量试验方法执行 JT 719 的规定。轻型商用车辆和乘用车的燃料消耗量试验方法执行 GB 20997 和 GB 19578 两项标准的有关规定。

《乘用车燃料消耗量限值》（GB 19578—2014）、《轻型商用车辆燃料消耗量限值》（GB 20997—2007）两项标准规定汽油、柴油、两用燃料及双燃料车辆的燃料消耗量按 GB/T 19233 进行测定。《轻型汽车燃料消耗量试验方法》（GB/T 19233—2008）规定轻型汽车燃料消耗量试验采用碳平衡法。

1. 轻型汽车燃料消耗量试验方法

《轻型汽车燃料消耗量试验方法》（GB/T 19233—2008）规定了通过测定汽车在模拟市区和市郊工况循环下的二氧化碳（CO_2）、一氧化碳（CO）和碳氢化合物（HC）排放量，并用碳平衡法计算燃料消耗量的试验和计算方法。适用于以点燃式发动机或压燃式发动机为动力，最大设计车速大于或等于 50km/h 的 M_1 类、N_1 类和最大设计总质量不超过 35000kg 的 M_2 类车辆。

2. 营运客车燃料消耗量测量方法

《营运客车燃料消耗量限值及测量方法》（JT/T 711—2016）规定了营运客车燃料消耗量限值及测量方法，适用于以柴油或汽油为单一燃料且最大总质量超过 3500kg 的营运客车。采用道路试验，试验工况由等速行驶工况、加速行驶工况和怠速工况组成。

（1）等速行驶工况

JT/T 325 规定的各类高级车，试验车速均分别为 50km/h、60km/h、70km/h、80km/h、90km/h、95km/h；JT/T 325 规定的中级、普通级车，试验车速均分别为 40km/h、50km/h、60km/h、70km/h、80km/h。在各试验车速下，保持车辆平稳行驶至少 100m 后等速通过 500m 的测试路段，测量车辆通过该路段的时间和燃料消耗量。每个试验车速都应在测试路段上往返测量各 2 次并按规定进行重复性检验。

（2）加速行驶工况

JT/T 325 规定的各类高级车，起始速度 60km/h 全油门加速到终速度 80km/h 作为车速的测量区间。JT/T 325 规定的中级、普通级车，起始速度 50km/h 全油门加速到终速度 70km/h 作为车速的测试区间。应在测试路段上往返测量各 2 次并按规定进行重复性检验。

（3）怠速工况

怠速燃料消耗量测量应在等速工况和加速工况试验结束后立即进行。应怠速 300s 后开始测量，测量 3 次，每次测量时间为 300s。记录怠速燃料消耗量和发动机转速，取 3 次测量结果的平均值。

依照上述试验方法测得等速行驶工况燃料消耗量、加速行驶工况燃料消耗量和怠速工况燃料消耗量，按 GB/T 12545.2 规定的方法进行标准状态校正。按照《营运客车燃料消耗量限值及测量方法》（JT/T 711—2016）规定的营运客车满载综合燃料消耗量时间权重系数计算综合燃料消耗量。

3. 营运货车燃料消耗量测量方法

《营运货车燃料消耗量限值及测量方法》（JT/T 719—2016）规定了营运货车燃料

消耗量限值及测量方法，适用于以柴油或汽油为单一燃料且最大总质量为 3500～49000kg 的营运货车。采用道路试验，试验工况由等速行驶工况、加速行驶工况和怠速工况组成。

（1）等速行驶工况

货运汽车（单车）与半挂牵引车、牵引货车的试验车速均分别为 40km/h、50km/h、60km/h、70km/h、80km/h。自卸汽车（单车）、混凝土搅拌运输车（单车）试验车速均分别为 30km/h、40km/h、50km/h、60km/h、70km/h。在各试验车速下，保持车辆平稳行驶至少 100m 后等速通过 500m 的测试路段，测量车辆通过该路段的时间和燃料消耗量。每个试验车速应在测试路段上往返测量各 2 次并按规定进行重复性检验。

（2）加速行驶工况

车辆最高设计车速不大于 100km/h 时，起始速度 50km/h 全油门加速到终速度 70km/h 作为车速的测量区间。车辆最高设计车速大于 100km/h 时，起始速度 60km/h 全油门加速到终速度 80km/h 作为车速的测试区间。应在测试路段上往返测量各 2 次并按规定进行重复性检验。

（3）怠速工况

怠速燃料消耗量测量应在等速工况和加速工况试验结束后立即进行。应怠速 300s 后开始测量，测量 3 次，每次测量时间为 300s。记录怠速燃料消耗量和发动机转速，取 3 次测量结果的平均值。

依照上述试验方法测得等速行驶工况燃料消耗量、加速行驶工况燃料消耗量和怠速工况燃料消耗量，按 GB/T 12545.2 规定的方法进行标准状态校正。按照《营运货车燃料消耗量限值及测量方法》（JT/T 719—2016）规定的营运货车满载综合燃料消耗量时间权重系数计算综合燃料消耗量。

二、在用道路运输车辆的燃料经济性检验方法

《道路运输车辆综合性能要求和检验方法》（GB 18565—2016）规定：燃用柴油或汽油、总质量大于 3500kg 的在用车辆，其燃料消耗量限值及评价方法应符合 GB/T 18566 的规定。

根据《道路运输车辆燃料消耗量检测评价方法》（GB/T 18566—2011），采用碳平衡法检测等速百公里燃料消耗量。

1. 检测准备

（1）底盘测功机

① 预热。采用反拖电动机或车辆驱动滚筒转动预热底盘测功机，直至底盘测功机滑行时间趋于稳定。

② 示值调零。底盘测功机静态空载，力、速度和距离示值调零或复位。

底盘测功机台架的转动部件充分预热才能保证台架的内阻趋于稳定，并使控制系统和测量系统达到稳定工作状态。被检车辆驱动轮置于底盘测功机滚筒上，完成安全系留措施后，底盘测功机的力、速度等参数设置应进行复位调零，用以消除受检车轮作用于滚筒而可能产生的附加力以及出现的零漂。

（2）油耗仪

① 预热。油耗仪应预热至设备到达正常工作准备状态。

② 示值调零。各测量参数示值调零或复位。

(3) 受检汽车

① 车辆空载。

② 检查车辆排气系统，不得有泄漏。

如果排气系统存在泄漏，燃油燃烧产生的含碳物质不能全部收集，会影响油耗检测结果。该项检查可结合人工检验的"底盘检查"项目一并进行，排气系统存在泄漏的车辆不能进行燃料消耗量的检验。

③ 检查驱动轴轮胎的花纹深度和气压。花纹深度不得小于 1.6mm，花纹中不得夹有杂物；轮胎气压应按 GB/T 2977 的规定进行调整。该项检查可结合人工检验的"外观检查"项目一并进行。

④ 记录受检车辆的以下参数信息，对于检测站数据库或车辆行驶证无法提供的参数，应进行实车测量：

a. 燃油类别（汽、柴油）；

b. 驱动轮轮胎规格型号；

c. 额定总质量，单位为"kg"；

d. 车高，单位为"mm"；

e. 前轮距，单位为"mm"；

f. 客车车长，单位为"mm"；

g. 客车等级（分为高级、中级、普通级）；

h. 货车车身型式（分为栏板车、自卸车、牵引车、仓栅车、厢式车和罐车）；

i. 驱动轴数；

j. 驱动轴空载质量，单位为"kg"；

k. 牵引车满载总质量，单位为"kg"。

在计算机控制系统登录受检车辆的参数信息，进行自动检测、提示、计算与控制。车辆参数信息中燃油类别、额定总质量、车高、前轮距、客车车长可从机动车登记证书中获取，也可从行驶证、道路运输证以及车辆使用说明书中获取；驱动轮轮胎规格型号、货车车身型式、驱动轴数可通过人工查验的方式获取；客车等级可通过查阅道路运输证获取；驱动轴空载质量可从车型数据库或检测数据库的历史数据中调取，或采用独立式轮（轴）重仪测取，双轴驱动的驱动轴空载质量为两个驱动轴空载质量之和。

牵引车满载总质量是指牵引车单车满载总质量。半挂牵引车的总质量为牵引座最大允许载质量、驾驶室准乘人数（按照 65kg/人核算）、整备质量和牵引车自身最大设计装载质量（如有）之和。其中，牵引车牵引座最大允许载质量可以在交通运输部公布的《道路运输车辆燃料消耗量达标车型表》中的《燃料消耗量参数表》的"牵引座最大允许承载质量"参数项获取，也可从驾驶室门附近的车辆铭牌获取，整备质量和驾驶室准乘人数可从机动车登记证书、道路运输证、行驶证等获取。

⑤ 车辆应预热至发动机、传动系统达到正常工作的温度状况，发动机冷却水温度应达到 80～90℃。

⑥ 关闭非汽车正常行驶所必需的附属装备，包括空调系统、灯光信号、雨刮器、音响设备等消耗发动机功率的装置。

(4) 燃料

检测时使用受检汽车油箱内的燃油。燃油氢碳比采用固定值：柴油取 1.86，汽油取 1.85。

（5） 确定受检汽车的检测工况

主控系统应根据车辆参数和信息，按车辆级别确定检测速度。高级营运客车检测速度工况为等速 60km/h，中级、普通级营运客车以及营运货车检测速度工况为等速 50km/h。台架加载阻力按《道路运输车辆燃料消耗量检测评价方法》（GB/T 18566—2011）附录 B 计算。

若半挂汽车列车驱动轮与滚筒之间的附着力小于台架加载阻力而产生轮胎打滑，则应按牵引车（单车）满载总质量计算台架加载阻力。

2.检测程序

① 引车员将汽车平稳驶上底盘测功机，置汽车驱动轮于滚筒上，驱动轮轴线应与滚筒轴线平行，固定汽车非驱动轮。

② 每次检测前油耗仪都应调零，并测量环境空气中 CO_2 气体浓度。

③ 启动汽车，逐步加速，变速器接入最高挡（自动变速器应置于"D"挡），底盘测功机按要求对受检车辆进行加载，至车速稳定在前述确定的检测车速。

从检测的安全性考虑，底盘测功机应逐步进行恒力加载，不得突然增大加载力。

④ 油耗仪采样管应靠近并对准汽车排气管口，其间距不大于 100mm，使采样管与排气尾管末端同轴，用支架固定，使汽车排气和环境空气顺利进入采样管。

⑤ 引车员按"司机助"提示控制汽车油门，使检测车速的变化幅度稳定在 ±0.5km/h 的范围内，稳定至少 15s 后，油耗仪开始 60s 连续采样，同时测功机开始测量 60s 连续采样时间内的汽车行驶距离 S（m）。

⑥ 采样过程中，如连续 3s 内检测车速的变化幅度超过 ±0.5km/h 或加载阻力变化幅度超过 ±20N，则停止本次采样，返回到⑤重新开始。

控制系统应具有自动判断车速控制范围和恒力控制范围，并能在超过规定车速范围和恒力控制范围时，自动发出警告提示、停止检测的功能。

如果底盘测功机恒力加载不能稳定在设定目标力 ±20N 的范围内，则说明该设备控制系统有问题，不能用于燃料消耗量检验。

⑦ 连续 60s 采样完成后，按式(5-2)计算汽车百公里燃料消耗量，并四舍五入至小数点后一位。

$$FC = \frac{100}{S} \sum FC_S \tag{5-2}$$

式中　FC——汽车百公里燃料消耗量，L/100km；

　　　S——采样时间内汽车的行驶距离，m；

　　$\sum FC_S$——采样时间内汽车每秒燃料消耗量的累加值，mL。

⑧ 每次检测结束后油耗仪都应进行反吹。

第五节　制动性检验方法

一、检验准备

空载检验时，气压表指示气压不大于 600kPa，液压制动踏板力：乘用车不大于 400N，其他机动车不大于 450N。

满载检验时，气压表指示气压不大于额定工作气压，液压制动踏板力：乘用车不大于

500N，其他机动车不大于700N。

　　驻车制动检验时的允许操纵力，手操纵时，乘用车不大于400N，客车、货车不大于600N；脚操纵时，乘用车不大于500N，客车、货车不大于700N。

　　被检车辆轮胎表面干燥、清洁、无油污，胎冠花纹中及并装轮胎间无异物嵌入，驱动轴轮胎的花纹深度不小于1.6mm，气压符合规定。

　　对于气压制动的车辆，采用滚筒反力式制动检验台检验时，储气筒应有足够的压力，并能保证制动性能检测完毕时，气压不低于起步气压。

　　检测汽车列车制动时序和制动协调时间，应安装制动踏板开关。

　　采用滚筒反力式制动检验台检验行车制动和驻车制动时，可在非测试车轮后垫三角垫块防止车轮后移。

　　并装双驱动轴采用滚筒反力式制动检验台检验时，应使桥间差速器起作用。

　　检验前，制动检验台台架旋转部件、减速箱以及电气系统应预热，减小台架旋转阻力和传动阻力，以利于制动性能和车轮阻滞力的检验，尤其在冬季或寒冷气候条件下，更需要充分预热。

二、滚筒反力式制动检验台检验方法

　　① 测取被检车辆各轴的静态轮质量。

　　② 将被测车轮置于制动台两滚筒之间，变速器为空挡。此时，对于多轴及并装轴车辆还应采用复合式轴重仪测取被检轴的静态轴质量。

　　③ 分别启动制动台左、右滚筒的驱动电动机，3s后按提示将制动踏板缓慢均匀踩到底（液压制动车辆应保持规定的制动踏板力），测取左、右车轮最大制动力以及制动全过程的数据；对驻车制动轴实施驻车制动，测取驻车最大制动力。

　　注意在"踩制动"提示前切勿踩制动踏板，否则可能损坏设备和车辆。检测过程中如果车轮抱死而检验台未及时停机或者车轮与滚筒打转且被测轴后移时，应立即松开制动器，以保护轮胎及设备。

　　为防止车辆后移，可在非被测轴车轮后方加垫三角块。

　　④ 依次检测各轴。

　　⑤ 检测结果的计算。按以下规定的方法计算静态轮荷及静态轴荷、整车制动率、轴制动率、制动不平衡率和驻车制动率。

　　a.静态轮荷及静态轴荷的计算。计算静态轮荷时，将轮质量换算为轮荷。计算静态轴荷时，为同轴左、右轮的静态轮荷之和；复合式轴重仪的静态轴荷为其测取的静态轴质量换算的轴荷；静态轴（轮）荷的单位为10N（daN），换算轴（轮）荷时的重力加速度取9.81m/s^2。

　　b.整车制动率的计算。测取的所有车轮最大制动力之和与整车质量（各轴静态轴荷之和，以下同）的比例（%）。当牵引车与半挂车相连时，牵引车整车制动率为牵引状态下，牵引车所有车轮的最大制动力之和与牵引车整车质量的比例（%），半挂车整车制动率为牵引状态下，挂车所有车轮的最大制动力之和与半挂车整车重量的比例（%）。

　　c.轴制动率的计算。在制动全过程中，测取左、右车轮的最大制动力，并计算左、右车轮最大制动力之和与该轴静态轴荷的比例（%）。

　　d.制动不平衡率的计算。以同轴左、右任一车轮产生抱死滑移时为取值终点，如左、右轮无法达到抱死滑移，则以较后出现车轮最大制动力时刻作为取值终点。在取值终点前的制动全过程中，计算同时刻左、右车轮制动力差的最大值与该轴左、右车轮最大制动力中较大者的比例（％）。除前轴外，当轴制动率小于 60％时，用该值除以该轴静态轴荷的比例（％）。

e.驻车制动率的计算。测取的各驻车轴最大驻车制动力之和与整车质量的比例（％）。

对于多轴及并装轴车辆，计算轴制动率和制动不平衡率时，静态轴荷按复合式轴重仪测取的轴荷计算，其他车辆按独立式轮重仪测取的静态轴荷计算。

计算整车制动率和驻车制动率时，整车质量按独立式轮重仪测取的空载静态轮荷计算。

三、平板制动检验台检验方法

① 被检车辆以 5～10km/h 的速度滑行，置变速器于空挡后（对自动变速器车辆可位于"D"挡），正直平稳驶上平板。

检验员应将被检车辆正直行驶，不得偏斜，否则制动时会产生制动分力，造成侧向力过大，制动力减小，影响检测结果的真实性。应确保车速在 5～10km/h 之间，避免车速过大导致轴荷严重转移，甚至后轴跳起，影响后轴制动检测。

② 当所有车轮均驶上制动平板时，急踩制动踏板使车辆停止，测取各车轮的最大轮制动力、制动全过程的数据及动、静态轮荷。

受检车辆停止后，各车轮均不能超出制动平板，否则为无效数据，应重新检测。

③ 重新启动车辆，当驻车制动轴驶上制动平板时实施驻车制动，测取各驻车轴的制动力。

车辆停止时，如被测车轮离开制动平板，则制动检测无效，应重新检测。

④ 检测结果的计算。按以下规定的方法计算静（动）态轮荷及静（动）态轴荷、整车制动率、轴制动率、制动不平衡率、驻车制动率以及汽车列车制动时序、制动协调时间和制动力分配：

a.静（动）态轮荷及静（动）态轴荷的计算。静态轮荷及静态轴荷的计算同滚筒反力式制动检验台的计算方法。动态轮荷取同轴左、右轮制动力最大时刻分别对应的轮荷，动态轴荷为同轴左、右轮动态轮荷之和。

b.整车制动率的计算。测取的各车轮最大制动力之和与静态整车质量的比例（％）。当牵引车与半挂车相连时，牵引车整车制动率、半挂车整车制动率的计算同滚筒反力式制动检验台的计算方法。

c.轴制动率、制动不平衡率和驻车制动率的计算。同滚筒反力式制动检验台检验的计算方法。计算轴制动率时，乘用车轴荷取动态轴荷，其他车辆的轴荷取静态轴荷。

d.汽车列车制动时序的计算。以制动踏板开关的触发时刻为起始时标，计算汽车列车各轴制动力分别达到静态轴荷的 5％的时间及时间差。

e.汽车列车制动协调时间的计算。以制动踏板开关的触发时刻作为起始时刻 t_b，以制动全过程中，各轴所有车轮同时刻的制动力之和达到整车制动率规定值的 75％时刻为终止时刻 t_e，t_e-t_b 的时间差即为制动协调时间。当整车制动率不能达到规定值时，制动协调时间不做计算和评价。

f.汽车列车制动力分配的计算。

ⓐ 计算汽车列车整车制动率、牵引车整车制动率和挂车整车制动率。

ⓑ 分别计算牵引车整车制动率、挂车整车制动率与汽车列车整车制动率的比例（％）。

四、路试行车制动检验方法

被检车辆沿试验通道中线空挡滑行，以规定的初速度（速度允许偏差为规定值±2km/h），在试验通道内实施紧急制动。待车辆停止后，读取便携式制动性能检测仪、非接触式速度计或五轮仪测取的数据，制动过程中车辆的任何部位（不计入车宽的部位除外）不超出规定宽度试验通道的边缘线。

路试行车制动性能应严格按照规定的制度初速度进行检验，并以规定的技术指标进行评价。制动距离受制动初速度影响很大，与制动初速度密切相关；MFDD受制动初速度的影响较小。

便携式制动减速度仪通常不具备实时测量和显示车速的功能。具备实时测量和显示车速功能的便携式制动减速度仪，其车速数据准确性也不高。通常可按照车速表示值在略大于规定车速 2km/h 时实施制动，如输出打印报表的路试制动初速度不在规定的范围内，可按比例以规定车速确定车速表示值重新测量。

五、路试驻车制动检验方法

被检车辆在坡度为 20%（对总质量为整备质量的 1.2 倍以下的车辆为 15%）的路试坡道上的上行和下行两个方向分别实施驻车制动，时间不应少于 5min。

路试检验驻车制动时，车辆为空载（可不乘坐检验员），驻车制动装置保证车辆在坡道上行和下行两个方向保持静止不动的时间不少于 2min 时可视为合格。

第六节　排放性检验方法

《汽油车污染物排放限值及测量方法（双怠速法及简易工况法）》（GB 18285—2018）规定了汽油车双怠速法、稳态工况法、瞬态工况法和简易瞬态工况法排气污染物测量方法以及汽油车外观检验、OBD 检查的方法。

《柴油车污染物排放限值及测量方法（自由加速法及加载减速法）》（GB 3847—2018）规定了柴油车自由加速法和加载减速法排气污染物测量方法以及柴油车外观检验、OBD 检查的方法。

一、汽油车排气污染物检验方法

1.汽油车外观检验方法

（1）新生产汽车
检查车辆污染控制装置与环保信息随车清单内容是否一致。
（2）注册登记汽车
查验环保随车清单内容与信息公开内容是否一致。
检查车辆污染控制装置是否与环保信息随车清单一致。
（3）在用汽车
① 检查被检车辆的车况是否正常。如有异常，应要求车主进行维修。
② 检查车辆是否存在烧机油或者严重冒黑烟现象，如有，应要求车主进行维修。
③ 检查燃油蒸发控制系统连接管路的连接是否正确、完整。如果发现有老化、龟裂、破损或堵塞现象，应要求车主进行维修，对单一燃料的燃气汽车不需要进行此项检验。
④ 检查发动机排气管、排气消声器和排气后处理装置的外观及安装紧固部位是否完好，

如发现有腐蚀、漏气、破损或松动的，应要求车主进行维修。

⑤ 检查车辆是否配置有 OBD 系统。

⑥ 判断车辆是否适合进行简易工况法检测，如不适合（例如无法手动切换两驱驱动模式的全时四驱车和适时四驱车等），应标注。进行简易工况法检验的，应确认车辆轮胎表面无夹杂异物。

⑦ 变更登记、转移登记检验时应查验污染控制装置是否完好。

2. OBD 检查方法

（1）新生产汽车

汽车生产企业应对每辆车的 OBD 系统进行通信检查，确认 OBD 系统通信工作正常方可出厂。

（2）注册登记汽车

检查车辆的 OBD 接口是否满足规定要求，OBD 通信是否正常，有无故障码。

（3）在用汽车

① 对配置有 OBD 系统的在用汽车，在完成外观检验后，应连接 OBD 诊断仪进行 OBD 检查。在随后的污染物排放检验过程中，不可断开 OBD 诊断仪。

② OBD 检查项目包括：故障指示器状态，诊断仪实际读取的故障指示器状态，故障码、MIL 灯点亮后行驶里程和诊断就绪状态值，具体检验流程应按照《汽油车污染物排放限值及测量方法（双怠速法及简易工况法）》（GB 18285—2018）附录 F 进行。

③ 若车辆存在故障指示器故障（含电路故障）、故障指示器激活、车辆与 OBD 诊断仪之间的通信故障、仪表板故障指示器状态与 ECU 中记载的故障指示器状态不一致时，均判定 OBD 检查不合格。如果诊断就绪状态项未完成项超过 2 项，应要求车主在对车辆充分行驶后进行复检。

④ 检验机构应使用计算机数据管理系统存储所有被检车辆 OBD 数据，不得人为篡改数据。

⑤ OBD 诊断仪应能实现对 OBD 检查数据的实时自动传输。作为排放检验的一部分，OBD 获得的信息应自动保存到计算机系统中。

⑥ 对要求配置远程排放管理车载终端的在用汽车，应查验其装置的通信是否正常。

⑦ 如车辆污染控制装置被移除，而 OBD 故障指示灯未点亮报警的，视为该车辆 OBD 不合格。

3. 双怠速法检测方法

双怠速法测量程序参见图 5-7。

① 应保证被检测车辆处于制造厂规定的正常状态，发动机进气系统应装有空气滤清器，排气系统应装有排气消声器和排气后处理装置，排气系统不允许有泄漏。

② 进行排放测量时，发动机冷却液或润滑油温度应不低于 80℃，或者达到汽车使用说明书规定的热状态。

③ 发动机从怠速状态加速至 70% 额定转速或企业规定的暖机转速，运转 30s 后降至高怠速状态。将双怠速法排放测试仪取样探头插入排气管中，深度不少于 400mm，并固定在排气管上。维持 15s 后，由具有平均值计算功能的双怠速法排放测试仪读取 30s 内的平均值，该值即为高怠速污染物测量结果。对使用闭环控制电子燃油喷射系统和三元催化转化器技术的汽车，还应同时计算过量空气系数（λ）的数值。

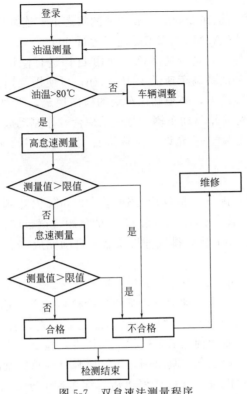

图 5-7　双怠速法测量程序

④ 发动机从高怠速降至怠速状态 15s 后，由具有平均值计算功能的双怠速法排放测试仪读取 30s 内的平均值，该值即为怠速污染物测量结果。

⑤ 在测试过程中，如果任何时刻 CO 与 CO_2 的浓度之和小于 6.0%，或者发动机熄火，应终止测试，排放测量结果无效，需重新进行测试。

⑥ 对多排气管车辆，应取各排气管测量结果的算术平均值作为测量结果。

⑦ 若车辆排气系统设计导致的车辆排气管长度小于测量深度时，应使用排气延长管。

⑧ 应使用符合规定的市售燃料，例如车用汽油、车用天然气、车用液化石油气等。试验时直接使用车辆中的燃料进行排放测试，不需要更换燃料。

4. 稳态工况法检测方法

(1) 检测准备

① 车辆准备。测试车辆的机械状况应良好，无影响安全或引起测试偏差的机械故障。车辆排气系统无泄漏。车辆的发动机、变速箱和冷却系统无液体渗漏。轮胎表面磨损应符合有关标准的规定，轮胎压力应符合生产厂的规定。

应使用符合规定的市售燃料，例如车用汽油、车用天然气、车用液化石油气等。试验时使用车辆中的燃料直接进行排放测试，不需要更换燃料。

a. 如需要，可在发动机上安装冷却液或润滑油温度传感器等测试仪器。

b. 应关闭车辆的空调、暖风等附属装备，对具有牵引力控制功能的车辆，应关闭牵引力控制装置。

c. 车辆预热：进行测试前，车辆动力总成系统的热状态应符合汽车技术条件的规定，并保持稳定。测试前如果待检车辆的等候时间超过 20min，或在测试前熄火时间超过 5min，可以选择下列任何一种方法预热车辆：

ⓐ 车辆在无负荷，发动机在 2500r/min 转速的状态下，连续运转 240s；

ⓑ 车辆在测功机上，按 ASM 5025 工况连续运行 60s。

d. 车辆变速器挡位选择。自动变速车辆应使用 D 挡进行测试，手动变速器的车辆应使用二挡，如果二挡所能达到的最高车速低于 45km/h，可使用三挡。

e. 车辆驱动轮应置于滚筒上，必须确保车辆的横向稳定，驱动轮轮胎应干燥防滑。

f. 车辆应限位良好，对前轮驱动车辆，测试前应使驻车制动起作用。

g. 在测试工况计时过程中，不允许对车辆进行制动。如果车辆被制动，工况起始计时应重新置零（$t=0s$）。

② 设备准备。

a. 对排气分析仪预热。排气分析仪应在通电后 30min 内达到稳定，在 5min 内未经调整，排气分析仪零点以及 HC、CO、NO 和 CO_2 的量距气读数应稳定在误差范围内。

b. 在每次开始测试前 2min 内，排气分析仪器应自动完成零点调整、环境空气测定和对 HC 残留量的检查。

c. 在每天开机开始检测前，应对排气分析仪取样系统进行泄漏检查，如未进行泄漏检查或者没有通过泄漏检查，系统应自动锁定，不能进行检测，直到通过检查为止。

d. 每 24h 应对排气分析仪进行一次低量程标准气体检查，若检查不能通过，则应使用高浓度标准气体进行标定，然后使用低浓度标准气体进行检查，直到满足要求为止。标准气体应符合国家标准中的有关规定，并具有国家市场监督管理总局批准的标准参考物质证书。

e. 对测功机预热。测功机每天开机或停机后，或车速低于 20km/h 的时间超过 30min；或停机后再次开机，测试前均应自动进行预热。此预热应由系统控制自动进行，如没有按规定进行测功机预热，系统应被锁定，不能进行排放检测。

f. 每个工况测试前，都应根据输入的车辆参数及测试工况，按规定自动设定加载载荷，载荷准确度应符合要求。

g. 在测试循环开始前应记录环境温度、相对湿度和环境大气压力。

h. 稳态工况测试中，在任何时刻，如果 CO 与 CO_2 浓度之和小于 6％，或发动机在任何时间熄火，都应终止测试，排放测量结果无效，系统同时应进行相关提示。

（2）检测循环

在底盘测功机上的测试运转循环由 ASM 5025 和 ASM 2540 两个工况组成，见图 5-8 和表 5-2 所示。

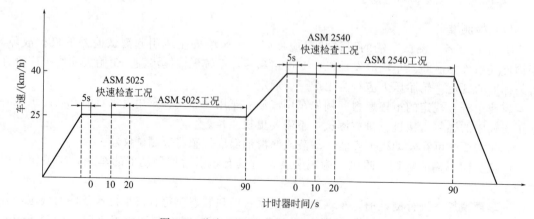

图 5-8　稳态工况法（ASM）测试运转循环

表 5-2　稳态工况法（ASM）测试运转循环表

工况	运转次序	速度/(km/h)	操作持续时间/s	测试时间/s
ASM 5025	1	0～25	—	—
	2	25	5	
	3	25	10	90
	4	25	10	
	5	25	70	
ASM 2540	6	25～40	—	
	7	40	5	
	8	40	10	90
	9	40	10	
	10	40	70	

① ASM 5025 工况。经预热后的车辆，在底盘测功机上以 25.0km/h 的速度稳定运行，系统根据测试车辆的基准质量自动施加规定的载荷，测试过程中应保持施加的扭矩恒定，车速保持在规定的误差范围内。

② ASM 2540 工况。经预热后的车辆，在底盘测功机上以 40.0km/h 的速度稳定运行，系统根据测试车辆的整备质量自动施加规定的载荷，测试过程中应保持施加的扭矩恒定，车速控制在规定的误差范围内。

(3) 检测程序

① 车辆驱动轮置于测功机滚筒上，将排气分析仪取样探头插入排气管中，插入深度至少为 400mm，并固定于排气管上，对独立工作的多排气管应同时取样。

② ASM 5025 工况。车辆经预热后，加速至 25km/h，测功机根据车辆基准质量自动进行加载，驾驶员控制车辆保持在 (25.0±2.0)km/h 等速运转，维持 5s 后，系统自动开始计时 $t=0$s。如果测功机的速度，或者扭矩，连续 2s，或者累计 5s，超出速度或者扭矩允许波动范围（实际扭矩波动范围不允许超过设定值的 ±5%），工况计时器置 0，重新开始计时。ASM 5025 工况时间长度不应超过 90s（$t=90$s），ASM 5025 整个测试工况最大时长不能超过 145s。

ASM 5025 工况计时开始 10s 后（$t=10$s），进入快速检查工况，排气分析仪器开始采样，每秒测量一次，并根据稀释修正系数和湿度修正系数计算 10s 内的排放平均值，运行 10s（$t=20$s）后，ASM 5025 快速检查工况结束，进行快速检查判定。如果被检车辆没有通过快速检查，则车辆继续运行至计时器 $t=90$s，ASM 5025 工况结束，期间车速应控制在 (25.0±2.0)km/h 内。

在 0～90s 的测量过程中，如果任意连续 10s 内第 1～10s 的车速变化相对于第 1s 小于 ±1.0km/h，则测试结果有效。快速检查工况 10s 内的排放平均值经修正后如果等于或低于排放限值的 50%，则测试合格，排放检测结束，输出检测结果报告；否则应继续进行完成整个 ASM 5025 工况。如果所有检测污染物连续 10s 的平均值经修正后均不大于标准规定的限值，则该车应被判定为 ASM 5025 工况合格，排放检验合格，打印检验合格报告。如任何一种污染物连续 10s 的平均值修正后超过限值，则应继续进行 ASM 2540 工况检测；在检测过程中如果任意连续 10s 内的任何一种污染物 10s 排放平均值经修正后均高于限值的 500%，则测试不合格，输出检测结果报告，检测结束。

在上述任何情况下，检验报告单上输出的测试结果数据均为测试结果的最后 10s 内，经修正后的平均值。

③ ASM 2540 工况。ASM 5025 工况排放检验不合格的车辆，需要继续进行 ASM 2540 工况排放检验。被检车辆在 ASM 5025 工况结束后应立即加速运行至 40.0km/h，测功机根据车辆基准质量自动加载，车辆保持在（40.0±2.0）km/h 范围内等速运转，维持 5s 后开始计时（$t=0s$）。如果测功机的速度或者扭矩，连续 2s，或者累计 5s，超出速度或者扭矩允许波动范围（实际扭矩波动范围不允许超过设定值的±5%），工况计时器置 0，重新开始计时，ASM 2540 工况时间长度不应超过 90s（$t=90s$），ASM 2540 整个测试工况最大时长不能超过 145s。

ASM 2540 工况计时 10s 后（$t=10s$），开始进入快速检查工况，计时器为 $t=10s$，排气分析仪器开始测量，每秒钟测量一次，并根据稀释修正系数及湿度修正系数计算 10s 内的排放平均值，运行 10s（$t=20s$）后，ASM 2540 快速检查工况结束，进行快速检查判定。如果没有通过快速检查，则车辆继续运行至 90s（$t=90s$），ASM 2540 工况结束，期间车速应控制在（40.0±2.0）km/h 内。

在 0~90s 的测量过程中，任意连续 10s 内第 1~10s 的车速变化相对于第 1s 小于±1.0km/h，测试结果有效。快速检查工况 10s 内的排放平均值经修正后如果不大于限值的 50%，则测试合格，排放检测结束，输出检测结果报告；否则应继续进行至 90s 工况。如果所有检测污染物连续 10s 的平均值经修正后均低于或等于标准规定的限值，则该车应判定为排放检验合格，排放检测结束，输出排放检验合格报告。如任何一种污染物连续 10s 的平均值经修正后超过限值，则车辆排放测试结果不合格，继续进行到本工况检测结束，输出不合格检验报告。在检测过程中如果任意连续 10s 内的任何一种污染物 10s 排放平均值经修正后均高于限值的 500%，测试不合格，检测结束。

在上述任何情况下，检验报告单上输出的测试结果数据均为测试结果的最后 10s 内，经过修正的平均值。

④ 检测结果数据。无论在哪个测试工况下，测试结果均取最后一次的 10s 平均值，进行计算和修正，作为测试结果输出。

5. 瞬态工况法检测方法

（1）检测测试准备

① 测试环境要求：环境温度为 −5~45℃；相对湿度为＜95%。

② 开始测试前，应记录以下信息，如果受检车辆信息已经存储在数据库中，应直接调用数据库数据，获得受检车辆信息：车辆识别代码（VIN）、车辆号牌和号码、车辆型号和生产企业、发动机型号和生产企业、发动机气缸数和排量、变速器种类和挡位数、车辆基准质量、车辆单轴轴重、驱动方式、驱动轮气压、供油型式、催化净化器情况、累计行驶里程数、车辆登记日期、燃油规格、车主姓名及其联系方法。

③ 试验循环开始前应记录环境温度、相对湿度和大气压力，至少每秒测量一次，结果取 2min 时间内测量结果的平均值。

④ 检查待测车辆是否符合以下规定，不符合要求的车辆不得进行测试。

受检车辆机械状况良好，无可能影响安全或引起测试偏差的机械故障。进、排气系统无泄漏。发动机、变速箱和冷却系统等无液体渗漏。关闭受检车辆的空调和暖风等附属装备。驱动轮胎应干燥、轮胎磨损符合要求、并装轮胎间无杂物、轮胎气压符合车辆使用说明书的规定、车辆限位良好。进行测试前，受检车辆工作温度应符合出厂规定要求，过热车辆不得进行排放测试。如果受检车辆在测试前，熄火时间超过 20min，或车辆冷却液温度低于80℃，在排放测试前，应采取适当措施对测试车辆进行预热处理，使冷却液温度达到80℃以上。使用符合规定的市售燃料，例如车用汽油、车用天然气、车用液化石油气等。试验时直接使用车辆中的燃料进行排放测试，不需要更换燃料。

⑤ 设备准备和设置。

a. 底盘测功机开机应充分预热，如果底盘测功机长时间停机，或不满足温度要求时应自动进行预热。

b. 底盘测功机预热完成后，应根据底盘测功机设定的程序进行滑行测试，滑行测试合格后方可进行后续的排放检测。

c. 排气分析仪器应充分预热，分析仪零点及 HC、CO、NO_x、CO_2、O_2 量距点读数应满足精度要求。

d. 每次测试开始前，都需要对环境背景空气中的 HC、CO、NO_x 和 CO_2 浓度进行测量，以确定稀释空气中的污染物浓度，应该在排放测试开始前 120s 的时间内测量背景空气中各污染物的浓度，至少需要测试 15s 的时间，环境测试与排放测试应该使用同一设备，测试结果记录中，应记录 15s 内各种污染物的平均浓度。如果环境空气中任何污染物的浓度超过下列范围，不得进行后续的排放测试：THC，20×10^{-6}C；CO，30×10^{-6}；NO_x，2×10^{-6}。

e. 排放测试期间，CVS 系统应该连续工作，不得中断。在 CVS 停止工作期间，CVS 风机可以暂时停止工作。如果风机关闭，在下次正式排放测试开始前，CVS 风机至少应连续吹扫 2min 以上。

f. 连接排气管，对独立工作的多排气管应同时取样。

（2）测试运转循环

在底盘测功机上进行的测试运转循环见表 5-3，并用图 5-9 进一步加以描述，按运转状态分解的统计时间见表 5-4 和表 5-5。

表 5-3　瞬态工况运转循环

操作序号	操作	工序	加速度/(m/s²)	速度/(km/h)	每次时间/s 操作	每次时间/s 工况	累计时间/s	手动换挡时使用的挡位
1	急速	1	—	—	11	11	11	6sPM[①]+5sK$_1$[②]
2	加速	2	1.04	0.04	4	4	15	1
3	等速	3	—	15	8	8	23	1
4	减速	4	−0.69	15.69	2	5	25	1
5	减速,离合器脱开		−0.92	10.9	3		28	K$_1$
6	急速	5	—	—	21	21	49	16sPM+5sK$_1$
7	加速	6	0.83	0.83	5	12	54	1
8	换挡				2		56	—
9	加速		0.94	1594M	5		61	2
10	等速	7	—	32	24	24	85	2

续表

操作序号	操作	工序	加速度/(m/s²)	速度/(km/h)	每次时间/s 操作	工况	累计时间/s	手动换挡时使用的挡位
11	减速	8	−0.75	32.75	8	11	93	2
12	减速,离合器脱开		−0.92	10.9	3		96	K_2
13	怠速	9	—	—	21	24	117	16sPM+5sK_1
14	加速	10	0.83	0.83	5	26	122	1
15	换挡				2		124	—
16	加速		0.62	1562M	9		133	2
17	换挡				2		135	—
18	加速		0.52	3552M	8		143	3
19	等速	11	—	50	12	12	155	3
20	减速	12	−0.52	50.52	8	8	163	3
21	等速	13	—	35	13	13	176	3
22	换挡	14			2	12	178	—
23	减速		−0.86	32.86	7		185	2
24	减速,离合器脱开		−0.92	10.9	3		188	K_2
25	怠速	15	—	—	7	7	195	7sPM

①PM 表示变速器置空挡,离合器接合。

②K_1和K_2表示变速器置一挡或二挡,离合器脱开。

表 5-4　按工况分解

工况	时间/s	比例/%	
怠速	60	30.8	35.4
怠速、车辆减速、离合器脱开	9	4.6	
换挡	8	4.1	
加速	36	18.5	
等速	57	29.2	
减速	25	12.8	
合计	195	100	

表 5-5　按使用挡位分解

变速器挡位	时间/s	比例/%	
怠速	60	30.8	35.4
怠速、车辆减速、离合器脱开	9	4.6	
换挡	8	4.1	
一挡	24	12.3	
二挡	53	27.2	

续表

变速器挡位	时间/s	比例/%
三挡	41	21.0
合计	195	100

注：1.测试期间平均车速为19km/h。

2.有效行驶时间为195s。

3.循环理论行驶距离为1.013km。

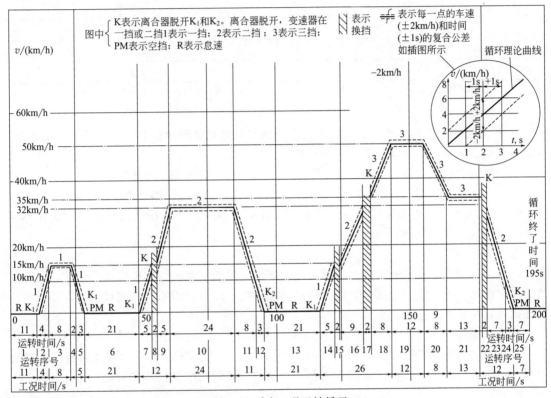

图5-9　瞬态工况运转循环

(3) 瞬态工况的载荷设定

① 在进行排放检测前，系统应根据试验车辆的整备质量或实际道路测试获得的载荷调整设置底盘测功机，模拟车辆行驶时中的惯性阻力和其他阻力。

② 载荷曲线固定的测功机，应在50km/h的车速下调整载荷模拟器，按表5-6的规定设置50km/h时的吸收功率。

③ 对载荷曲线可调的测功机，应分别在50km/h、40km/h、30km/h、20km/h和10km/h等速下，调整作用在驱动轮上的功率。

④ 当无法获取车辆道路实际载荷时，可按表5-6在50km/h车速下设定测功机载荷。

表5-6　在50km/h时驱动轮的吸收功率

基准质量 RM/kg	测功机吸收功率 P/kW
RM≤750	1.3
750<RM≤850	1.4
850<RM≤1020	1.5

基准质量 RM/kg	测功机吸收功率 P/kW
1020＜RM≤1250	1.7
1250＜RM≤1470	1.8
1470＜RM≤1700	2.0
1700＜RM≤1930	2.1
1930＜RM≤2150	2.3
2150＜RM≤2380	2.4
2380＜RM≤2610	2.6
2610≤RM	2.7

注：对于车辆基准质量大于1700kg的非乘用车或四轮驱动的车辆，表中功率值应乘以系数1.3。

（4）检测程序

① 测试前的准备。检验驾驶员将被检验车辆驾驶到底盘测功机上，驱动轮置于滚筒上，应确保车辆横向稳定，驱动轮胎应干燥防滑。

对车辆进行可靠限位，对前轮驱动车辆，测试前应使驻车制动起作用。

关闭受检车辆发动机，根据需要在发动机上安装冷却液或润滑油温度传感器等测试仪器。

② 将排气收集软管安装到车辆排气管上，并可靠固定，注意排气收集软管的走向不应明显增加排气系统的流动阻力。

③ 排放测试。

a. 启动发动机。按照制造厂使用说明书的规定，启动发动机。如果排放测试前，受检车辆的发动机处于关机状态，试验前应尽早启动发动机，在进行瞬态排放测试前，发动机至少已连续运转30s以上。

发动机保持怠速运转40s，在40s终了时刻开始进行排放测试循环，同时开始排气取样。

排放测试期间，驾驶检验员应该根据"司机助"上显示的速度-时间曲线轨迹规定的速度和换挡时刻驾驶车辆，在底盘测功机上进行排放测试期间严禁转动方向盘。

b. 怠速。

ⓐ 手动或半自动变速器：怠速期间，离合器应接合，变速器置于空挡位置；为保证车辆能够按规定循环进行加速，在驾驶循环每个怠速的后期，即加速开始前5s，断开离合器，变速器置一挡。

ⓑ 自动变速器：选择好挡位后，除在规定时间内不能完成加速过程，或选择器可以使用超速挡以外，排放测试期间，不得再操作挡位选择器。

c. 加速。在加速工况中应尽可能地保持加速度恒定。

若在规定时间内未能完成加速过程，如果可能，所需的额外时间可从工况改变的复合公差允许时间中扣除。否则，应该从下一等速工况的时间段内扣除。

使用自动变速器的车辆，如果在规定时间内不能完成加速过程，应按手动变速器的要求，操作挡位选择器。

d. 减速。在所有减速工况时间内，应完全松开油门踏板，离合器接合，当车速降到10km/h时，脱开离合器，整个减速过程中，不得操作挡位。

如果减速时间比相应工况规定的时间长，则允许使用车辆制动器，使循环按规定的时间进行。

如果减速时间比相应工况规定的时间短，应由下一个等速工况，或怠速工况中的时间进行补偿，使循环按规定的时间进行。

e.等速。从加速工况过渡到下一等速工况时，应避免猛踏油门踏板或关闭节气门。

应采用保持油门踏板位置不变的方法进行等速工况试验。

当车速降低到0km/h时（车辆停止在转鼓上），变速器应置空挡，离合器接合。

6.简易瞬态工况法检测方法

(1) 检测准备

① 测试环境要求：环境温度为$-5\sim45℃$；相对湿度为$<90\%$。

② 开始测试前，应记录以下信息，如果在当地数据库中已经存有受检车辆的相关信息，则应直接调用数据库数据：制造厂名、车辆型号、气缸数发动机排量（L）、变速器种类、基准质量、车辆识别码（VIN）、受检车辆号牌和号码、燃料系统（化油器或电喷等）、催化净化器情况、累计行驶里程数、车主姓名和联系方法。

③ 在排放测试前应记录环境温度、湿度和大气压力，结果取2min内的算术平均值。

④ 试验前检查待测车辆状况是否正常，对不符合要求的车辆不得进行测试。

车辆机械状况良好，没有可能影响安全或引起测试偏差的机械故障。进、排气系统不得有任何泄漏。发动机、变速箱和冷却系统等应无液体渗漏。应关闭受检车辆的空调和暖风等附属装备。进行排放测试前，受检车辆温度应符合制造厂出厂规定，不能对过热车辆进行排放测试。如果受检车辆在排放测试前熄火时间超过20min，在进行简易瞬态排放测试前，应采取适当措施对被测试车辆进行预热处理。使用符合规定的市售燃料，例如车用汽油、车用天然气、车用液化石油气等。试验时直接使用车辆中的燃料进行排放测试，不需要更换燃料。

⑤ 测试设备准备与设置。

a.分析仪应进行预热，在通电30min后达到稳定，分析仪稳定后在5min内未经调整，零点和HC、CO、NO_x、CO_2量距点的读数应稳定在仪器准确度要求的范围内。

b.关机前，应对取样系统至少连续吹洗15min，如果使用反吹清洗，吹洗时间应不少于5min。

c.排气取样探头插入汽车排气管中至少400mm，如不能保证此插入深度，应使用延长管。

d.对独立工作的多排气管应同时取样。

e.在每次开始测试前2min的时间内，应自动完成对分析仪的零点调整、测量环境参数，并进行HC残留量检查。

用零空气对HC、CO、CO_2、NO_x和O_2分析单元进行零点调整。

环境空气经取样探头、软管、过滤器和水气分离过滤，由采样泵送入分析仪后，直接记录上述5种被测组分的浓度，不需要进行修正。

分析仪应测定环境背景污染水平和HC残留量，只有当环境背景空气中的污染物浓度满足下列条件时，才可以进行后续的排放测试：$HC<7\times10^{-6}$，$CO<0.02\%$，$NO_x<25\times10^{-6}$；取样管路中HC残留浓度相比环境背景空气不超过7×10^{-6}。

f.测功机预热。测功机开机后应进行预热，如果测功机长时间停机，或者不满足预热温度要求时，应自动进行预热。

g.滑行测试。测功机预热完毕后，使用底盘测功机设定的程序进行滑行测试，滑行测试合格后方可进行后续的简易瞬态工况排放检测。

h.简易瞬态工况载荷设定。简易瞬态工况测试前，系统应根据车辆基准质量等参数自动设定测功机载荷，或根据基准质量设定测试工况吸收功率值，吸收功率应采用推荐值。

（2）测试运转循环

在底盘测功机上进行的测试运转循环见表 5-3，按运转状态分解的统计时间分别列入表 5-4 和表 5-5。

（3）测试程序

① 驾驶员将受检车辆驾驶到底盘测功机上，车辆驱动轮应位于滚筒上，必须确保车辆横向稳定，车辆轮胎应干燥，并装轮胎间无夹杂石子等杂物。

② 车辆应限位良好，对前轮驱动车辆，测试前应使驻车制动起作用。

③ 关闭发动机，根据需要在发动机上安装机油温度传感器等测试仪器。

④ 将分析仪取样探头插入排气管中，插入深度至少为 400mm，并固定在排气管上。将气体质量分析系统的锥形管安装到车辆排气管上，并按要求进行固定，注意排气收集软管的布置和走向都不应明显增加系统流动阻力。

⑤ 气体质量分析系统中环境空气 O_2 浓度的校正每次排放测试前，都应利用气体质量分析系统中的氧传感器测量环境大气中氧的浓度。在读数前，气体质量分析系统的鼓风机应该至少运行 1min 以上，环境空气中 O_2 浓度的读数应该在 20.8000 ± 0.0624 的范围内，如果气体质量分析系统测量的环境 O_2 浓度超出上述范围，主控计算机显示器上应该显示"警告"的字样，要求检验操作人员确认气体质量分析系统的排气采样管（锥形喇叭口）是否正确连接在排气管上，然后主控计算机继续进行环境空气 O_2 浓度测量，如果再次失败，主控计算机应该自动进入环境空气检查程序进行检查。

⑥ 排放测试。

a.启动发动机。按照制造厂使用说明书的规定，启动汽车发动机。

发动机保持怠速运转 40s，在 40s 结束时开始排放测试循环，并同时开始排气取样。

在测试期间，驾驶员应该根据驾驶员引导装置上显示的速度-时间曲线轨迹规定的速度和换挡时机驾驶车辆，试验期间严格禁止转动方向盘。

b.怠速。

ⓐ 手动或半自动变速器：怠速期间，离合器接合，变速器置空挡。为能够按循环正常加速，在循环的每个怠速后期，加速开始前 5s，驾驶员应松开离合器，变速器置一挡。

ⓑ 自动变速器：在测试开始时，放好挡位选择器后，在整个测试期间的任何时候，都不得再次操作挡位选择器。但如果发生不能在规定时间内完成加速的情况时，可以操作挡位选择器，必要时可以使用超速挡。

c.加速。在整个加速工况期间，应尽可能使车辆加速度保持恒定。

若在规定时间内未能完成加速过程，超出的时间应从工况改变的复合公差允许的时间中扣除，否则应从下一个等速工况时间内扣除。

对于手动变速器，如果不能在规定时间内完成加速过程，应按手动变速器的要求，操作挡位选择器进行换挡。

d.减速。在所有减速工况时间内，应将加速踏板完全松开，离合器接合，当车速降至 10km/h 左右时，松开离合器，但不得进行换挡操作。

如果减速时间比相应工况规定的时间长，允许使用车辆制动器，以便使循环按照规定的时间进行。

如果减速时间比相应工况规定的时间短，则应在下一个等速，或怠速工况时间中恢复至理论循环规定的时间。

e. 等速。从加速过渡到下一等速工况时，应避免猛踩加速踏板或关闭节气门操作。

应采用保持加速踏板位置不变的方法实现等速驾驶。

循环终了时（车辆停止在转鼓上），变速器置于空挡，离合器接合，排气分析系统停止取样。

根据驾驶员引导装置的提示，将受检车辆开出底盘测功机，或者继续进行后续的测试。

二、柴油车排气污染物检测方法

1. 柴油车外观检测方法

（1）新生产汽车
检查车辆污染控制装置与环保信息随车清单内容是否一致。

（2）注册登记汽车
查验环保随车清单与信息公开内容是否一致。

检查车辆污染控制装置和发动机与环保信息随车清单是否一致。

（3）在用汽车
① 检查被检车辆的车况是否正常。如有异常，应要求车主进行维修。

② 检查车辆是否存在烧机油或者严重冒黑烟现象，如有，应要求车主进行维修。

③ 检查发动机排气管、排气消声器和排气后处理装置的外观及安装紧固部位是否完好，如有腐蚀、漏气、破损或松动的，应要求车主进行维修。

④ 检查车辆是否配置有 OBD 系统。

⑤ 判断车辆是否适合进行加载减速法检测，如不适合（例如无法手动切换两驱驱动模式的全时四驱车和适时四驱等），应标注。进行加载减速法检测的，应确认车辆轮胎表面无夹杂异物。

⑥ 变更登记、转移登记检验时应查验污染控制装置是否完好。

2. 柴油车 OBD 检测方法

（1）新生产汽车
汽车生产企业应对每辆车的 OBD 系统通信进行检查，确认 OBD 系统通信正常方可出厂。

（2）注册登记汽车
检查车辆是否按规定要求设置了 OBD 接口，OBD 通信是否正常，有无故障码。

（3）在用汽车
① 对配置有 OBD 系统的在用汽车，在完成外观检验后应进行 OBD 检查。排气污染物检验过程中，不可断开 OBD 诊断仪。

② OBD 检验项目包括：故障指示器状态，诊断仪实际读取的故障指示器状态、故障码、MIL 灯点亮后行驶里程和诊断就绪状态值，具体检验流程应按图 5-10 进行。

③ 若车辆存在故障指示器故障（含电路故障）、故障指示器被激活、车辆与 OBD 诊断仪的通信故障、仪表板故障指示器状态与 ECU 中记载的故障指示器状态不一致时，均判定 OBD 检查不合格。如果就绪状态项未完成项超过 2 项，应要求车主在充分行驶后再进行复检。

④ 检验机构应使用计算机数据管理系统存储所有被检车辆 OBD 数据，不得人为篡改

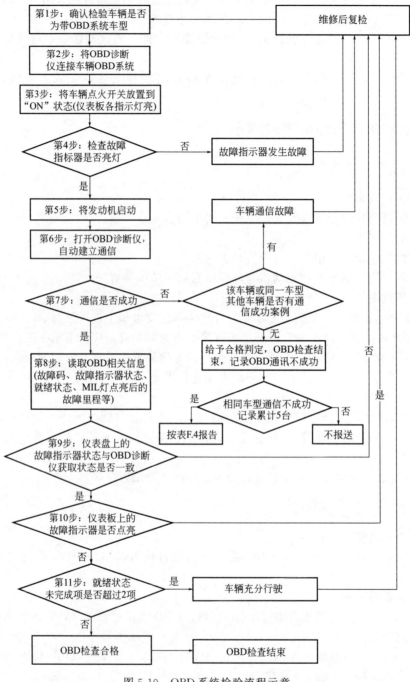

图 5-10　OBD 系统检验流程示意

数据。

⑤ OBD 诊断仪应能实现对 OBD 检查数据的实时自动传输。作为排放检验一部分，OBD 获得的信息应自动保存到计算机系统中。

⑥ 对配置有远程排放管理车载终端的在用汽车，应查验其装置通信是否正常。

⑦ 如车辆污染控制装置被移除，而 OBD 故障指示灯未点亮报警的，视为该车辆 OBD 不合格。

3. 柴油车自由加速法检测方法

（1）试验条件

试验应针对整车进行。试验前车辆发动机不应停机，或长时间怠速运转。不透光烟度计及其安装应符合《柴油车污染物排放限值及测量方法（自由加速法及加载减速法）》（GB 3847—2018）附录 C 规定。试验应采用符合国家标准的车用燃料。可以直接使用车辆油箱中的燃料进行测试。

（2）车辆准备

车辆在不进行预处理的情况下也可以进行自由加速烟度试验。但出于安全考虑，试验前应确保发动机处于热状态，并且机械状态良好。

发动机应充分预热，例如在发动机机油标尺孔位置测得的机油温度至少为 80℃。如果由于车辆结构限制无法进行温度测量时，可以通过其他方法判断发动机温度是否处于正常运转温度范围内。

在正式进行排放测量前，应采用 3 次自由加速过程或其他等效方法吹拂排气系统，以清扫排气系统中的残留污染物。

（3）试验方法

① 通过目测进行车辆排气系统相关部件泄漏检查。

② 发动机（包括废气涡轮增压发动机）在每个自由加速循环的开始点均处于怠速状态，对重型车用发动机，将油门踏板放开后至少等待 10s。

③ 在进行自由加速测量时，必须在 1s 的时间内，将油门踏板连续完全踩到底，使供油系统在最短时间内达到最大供油量。

④ 对每个自由加速测量，在松开油门踏板前，发动机必须达到断油转速。对使用自动变速箱的车辆，应达到发动机额定转速（如果无法达到，不应小于额定转速的 2/3）。

在测量过程中应监测发动机转速，检查是否符合试验要求（特殊无法测得发动机转速的车辆除外），并将发动机转速数据实时记录并上报。

⑤ 检测结果取最后 3 次自由加速烟度测量结果的算术平均值。

4. 柴油车加载减速法检测方法

（1）车辆准备

① 对车辆及发动机的要求。试验前应该对车辆的技术状况进行检查，以确定待检车辆是否能够进行后续的排放检测，对车辆的预检按照《柴油车污染物排放限值及测量方法（自由加速法及加载减速法）》（GB 3847—2018）附件 BA 要求进行。待检车辆放在底盘测功机上，按照规定的加载减速检测程序，检测最大轮边功率和相对应的发动机转速和转鼓表面线速度（VelMaxHP），并检测 VelMaxHP 点和 80% VelMaxHP 点的排气光吸收系数 k 及 80% VelMaxHP 点的氮氧化物。排气光吸收系数检测应采用分流式不透光烟度计。

加载减速过程中经修正的轮边功率测量结果不得低于制造厂规定的发动机额定功率的 40%，否则判定为检验结果不合格。

② 试验用燃料。被测试车辆应采用符合国家标准的市售车用柴油，实际测试时，不应更换油箱中的燃料。

③ 车辆预检要求。在按《柴油车污染物排放限值及测量方法（自由加速法及加载减速法）》（GB 3847—2018）附件 BA 进行检查时，如果发现受检车辆的车况太差，不适合进行加载减速法检测，应对车辆进行维修后才能进行检测。

对紧密型多驱动轴车辆，或全时四轮驱动车辆等不能按加载减速法进行试验的车辆可按自由加速法进行检测，其他装用压燃式发动机的在用汽车应进行加载减速法排放检测。

检测过程中如果发动机出现故障，使检测工作中止时，必须待排除故障后重新进行排放检测。

（2）试验程序

排放检测由三部分组成：第一部分是对车辆进行预先检查，以检查受检车辆身份与车辆行驶证是否一致，以及进行排放的安全性检测；第二部分是检查检测系统和车辆状况是否适合进行检测；第三部分则是进行排放检测，由主控计算机系统控制自动进行排放检测，以保证检测过程的一致性和检测结果的可靠性。

每条检测线至少应设置三个岗位：一是计算机操作岗位；二是受检车辆驾驶员岗位；三是辅助检查岗位。各岗位人员均应随时注意受检车辆在检测过程中是否出现异常情况。

① 预先检查。待检车辆完成检测登记后，驾驶检测员应将车辆驾驶到底盘测功机前等待检测，并进行车辆的预先检查。预先检查的目的是核实受检车辆和车辆行驶证是否相符，并评价车辆的状况是否能够进行加载减速检测，按《柴油车污染物排放限值及测量方法（自由加速法及加载减速法）》（GB 3847—2018）附件 BA 规定的程序进行预先检查。

在将车辆驾驶上底盘测功机前，检测员还应对受检车辆进行以下调整。

a.中断车上所有主动型制动功能和扭矩控制功能（自动缓速器除外），例如中断制动防抱死系统（ABS）、电子稳定程序（ESP）等。对无法中断车上主动型制动功能和扭矩控制功能的车辆，可采用自由加速法进行排放检测。

b.关闭车上所有以发动机为动力的附加设备，如空调系统，并切断其动力传递机构（如果适用）。

c.除检测驾驶员外，受检车辆不能载客，也不能装载货物，不得有附加的动力装置。必要时，可以用测试驱动桥质量的方法来判断底盘测功机是否能够承受待检车辆驱动桥的质量。

d.在检测准备工作中，应特别注意以下事项：对非全时四轮驱动车辆应根据车辆的驱动类型选择驱动方式；对紧密型多驱动轴的车辆，或全时四轮驱动车辆等，不能进行加载减速检测，应进行自由加速排放检测。

e.《柴油车污染物排放限值及测量方法（自由加速法及加载减速法）》（GB 3847—2018）附件 BA 详细描述了对车辆的预检要求，预检不合格或者存在故障的车辆，维修合格后才能进行检测。

② 检测系统检查。检测系统检查的目的是判断底盘测功机是否能够满足待检车辆的功率要求，同时检查检测系统的工作状态是否正常。

如果待检车辆通过了上述预先检查规定的预检程序，检测员应按以下步骤将待检车辆驾驶到底盘测功机上。

a.举起底盘测功机升降板，并检查是否已将转鼓牢固锁好。

b.小心将车辆驾驶到底盘测功机上，并将驱动轮置于转鼓中央位置。

注意：除底盘测功机允许双向操作外，一定要按底盘测功机的规定方向驶入，否则有可能损坏底盘测功机，当驱动轮位于转鼓鼓面上时，严禁使用倒挡。

c.放下底盘测功机升降板，松开转鼓制动器。待完全放下升降板后，缓慢驾驶使受检车辆的车轮与试验转鼓完全吻合。

d.轻踩制动踏板使车轮停止转动，发动机熄火。

e.按照底盘测功机设备商的建议将受检车辆的非驱动轮楔住，固定车辆安全限位装置。

对前轮驱动的车辆，应有防侧滑措施。

f. 应为受检车辆配备辅助冷却风扇，掀开机动车的动力舱盖板，保证冷却空气流通顺畅，以防止发动机过热。

③ 试验准备。

a. 安装好发动机转速传感器，测量发动机曲轴转速。

b. 选择合适的挡位，使油门踏板在最大位置时，受检车辆的最高车速最接近 70km/h。

④ 测功机检测能力判断。由主控计算机判断底盘测功机是否能够吸收受检车辆的最大功率，如果车辆的最大功率超过了底盘测功机的功率吸收范围，不能在该底盘测功机上进行加载减速检测。

（3）排气试验

如果受检车辆顺利通过了上述规定的检测，应继续进行下述加载减速检测。

① 试验前的最后检查和准备。

a. 在开始检测以前，检测员应检查实验通信系统工作是否正常。

b. 在车辆散热器前方 1m 左右处放置强制冷却风机，以保证车辆在检测过程中发动机冷却系统能有效地工作。

c. 除检测员外，在检测过程中，其他人员不得在测试现场逗留。车辆安置到位将底盘测功机举升机放下后应对车辆进行低速运行检测，确保车辆运行处于稳定状态。

d. 发动机应充分预热，例如在发动机机油标尺孔位置测得的机油温度应至少为 80℃。因车辆结构无法进行温度测量时，可以通过其他方法使发动机处于正常运转温度。若传动系统处于冷车状态，应在底盘测功机无加载状态下低中速运行车辆，使车辆的传动部件达到正常工作温度。

e. 发动机熄火，变速器置空挡，将不透光烟度计的采样探头置于大气中，检查不透光烟度计的零刻度和满刻度。检查完毕后，将采样探头插入受检车辆的排气管中，注意连接好不透光烟度计，采样探头的插入深度不得低于 400mm。不应使用尺寸太大的采样探头，以免对受检车辆的排气背压影响过大，影响输出功率。在检测过程中，应将采样气体的温度和压力控制在规定的范围内，必要时可对采样管进行适当冷却，但要注意不能使测量室内出现冷凝现象。

② 试验步骤。

a. 正式检测开始前，检测员应按以下步骤操作，以使控制系统能够获得自动检测所需的初始数据：启动发动机，变速器置空挡，逐渐加大油门踏板开度直到达到最大，并保持在最大开度状态，记录这时发动机的最大转速，然后松开油门踏板，使发动机回到怠速状态。使用前进挡驱动被检车辆，选择合适的挡位，使油门踏板处于全开位置时，测功机指示的车速最接近 70km/h，但不能超过 100km/h。对装有自动变速器的车辆，应注意不要在超速挡下进行测量。

b. 计算机对按上述步骤获得的数据自动进行分析，判断是否可以继续进行后续的检测，被判定为不适合检测的车辆不允许进行加载减速检测。

c. 在确认机动车可以进行排放检测后，将底盘测功机切换到自动检测状态。加载减速测试的过程必须完全自动化，在整个检测循环中，均由计算机控制系统自动完成对底盘测功机加载减速过程的控制。自动控制系统采集 2 组检测状态下的检测数据，以判定受检车辆的排气光吸收系数 k 和 NO_x 是否达标，2 组数据分别在 VelMaxHP 点和 80% VelMaxHP 点获得。上述 2 组检测数据包括轮边功率、发动机转速、排气光吸收系数 k 和 NO_x，必须将不同工况点的测量结果都与排放限值进行比较。若测得的排气光吸收系数 k 或 NO_x 超过了标准规定的限值，均判断该车的排放不合格。

d. 检测开始后，检测员应始终将油门踏板保持在最大开度状态，直到检测系统通知松开油门踏板为止。在试验过程中检测员应实时监控发动机冷却液温度和机油压力。一旦冷却液温度超出了规定的温度范围，或者机油压力偏低，都必须立即暂时停止检测。冷却液温度过高时，检测员应松开油门踏板，将变速器置空挡，使车轮停止运转。然后使发动机在怠速工况下运转，直到冷却液温度重新恢复到正常范围为止。

e. 检测过程中，检测员应时刻注意受检车辆或检测系统的工作情况。

f. 检测结束后，打印检测报告并存档。

（4）卸载程序

将受检车辆驶离底盘测功机以前，检测员应检查相关检测工作是否已经全部完成，是否完成相关检测数据的记录和保护。

按下列步骤将受检车辆驶离底盘测功机。

① 从受检车辆上拆下所有测试和保护装置。

② 将动力舱盖板复位。

③ 举起底盘测功机升降板，锁住转鼓。

④ 去掉车轮挡块，确认受检车辆及其行驶路线周围没有障碍物或无关人员。

⑤ 车辆驾驶员在得到明确的驶离指令后，方可将受检车辆驶离底盘测功机，并停放到指定地点。

第七节　转向操纵性检验方法

一、转向轮横向侧滑量检验方法

1. 检验准备

① 被检车辆轮胎表面干燥、清洁、无油污，胎冠花纹中及并装轮胎间无异物嵌入，气压符合规定。

② 打开侧滑检验台滑板的锁止机构。

③ 仪表显示零位，必要时人工操作清零。

④ 侧滑检验台电气系统应预热。

2. 检验方法

被检车辆居中直线行驶，以不高于 5km/h 的车速平稳通过侧滑检验台滑板（不应转动方向盘和实施制动），测取转向轮横向侧滑量的最大示值。

二、方向盘自由转动量检验方法

方向盘自由转动量检验分为定性检验和定量检验。方向盘最大自由转动量转角宽度约为"两指"时，视为合格。

人工定性检查方向盘最大自由转动量，如自由转动量与规定限值接近而无法判定时，应按以下规定的方法进行定量检测：

① 被检车辆置于平坦、干燥、清洁的硬质地（路）面，转向轮保持回正位置，发动机熄火；

　② 将转向力-角测量仪安装在被检车辆的方向盘上，转向力-角测量仪应与方向盘牢固连接，不得松脱和滑移；

　③ 转向力-角测量仪设为峰值保持并清零，转动转向力-角测量仪的操控盘至一侧有阻力止（转向轮转动临界点），读取角度值，记作 A_1，再转至另一侧有阻力止，读取角度值，记作 A_2，A_1 与 A_2 间的自由角度即为方向盘最大自由转动量。

三、悬架特性检验方法

1.检验准备

　① 轮胎气压符合规定。

　② 检验悬架特性时，驾驶员应离车，这主要是为了避免车辆偏载带来的检测误差。

　③ 悬架检测台电气系统应预热。

2.检验方法

　① 将被检车辆各轴车轮依次驶上悬架装置检验台，并使轮胎位于检验台面的中央位置，测量左、右轮的静态轮荷。

　② 分别启动悬架检验台的左、右电动机，使汽车悬架产生振动，增加振动频率并超过振动的共振频率。

　③ 当振动频率超过共振点后，将电动机关断，振动频率衰减并通过共振点。

　④ 记录衰减振动曲线（衰减振动曲线的纵坐标为动态轮荷，横坐标为时间），测量共振时的最小动态轮荷，计算并读取最小动态轮荷与静态轮荷的比例（％）以及同轴左、右轮比例（％）的差值。

　检验时，可在非被检轴前后摆放制动楔块，或在检验非驻车轴时实施驻车制动，以避免车辆在检验过程中移动。

第八节　其他性能检验方法

一、前照灯远光发光强度和光束照射位置检验方法

1.检验准备

前照灯性能检验容易受到外界因素的影响，检验前应将干扰因素排除。

　① 被检车辆所有轮胎的气压符合规定。气压状况不良时应进行修正。

　② 前照灯检测仪受光面和被检车辆前照灯镜面应清洁。有污染时应擦拭。

　③ 前照灯检测仪应预热。

此外，受检车辆如有标准附属品以外的载荷，应进行卸载；车辆悬架有歪斜、损坏情况，应进行修复；前照灯的安装有松动，应进行紧固。

2.检验方法

　① 被检车辆沿引导线居中行驶，并在规定的检测位置停止，车辆的纵向轴线应与引导线平行。如不平行，车辆应重新停放或采用车辆摆正装置进行拨正。

　② 车辆电源处于充电状态，变速器置于空挡，开启前照灯远光灯。

③ 前照灯检测仪自动搜寻被检前照灯，并测量其远光发光强度。对于远光光束可单独调整的前照灯还应测量远光光束照射位置偏移。

④ 被检前照灯转换为近光光束，自动式前照灯检测仪自动测量其近光光束明暗截止线拐点的照射位置偏移值。

⑤ 按上述③、④步骤完成车辆所有前照灯的检测。

采用光轴对正或基准中心对正的自动式前照灯检测仪可只检测左、右两个对称的前照灯主灯，如四灯全检时，应将与被检灯相邻的灯遮蔽。

手动式前照灯检测仪可参照上述方法。

需要注意的是，检测前照灯远光发光强度时，发动机不熄火。被检前照灯远光的光束不能单独进行调整时，如果调整远光光束会影响到近光光束照射位置，其远光光束照射位置的检测结果不做评判，只作为数据参考。对于远光强度，采用四灯制前照灯的车辆，四个前照灯均需检测，如果其中两个对称前照灯的远光发光强度达到两灯制的远光发光强度最小限值要求时，其四灯制的远光发光强度均视为合格。检验两灯制车辆的远光发光强度时，如果近光灯也同时点亮且与相邻远光灯距离较近，为避免光线交叉影响也可将与受检灯相邻的近光灯遮蔽。

二、车速表示值误差检验方法

1. 检验准备

① 并装轮胎间无异物嵌入，气压符合规定。

② 前轮驱动车辆应在非驱动轮前部加止动楔块，并使用驻车制动。

③ 仪表显示零位，必要时人工操作清零。

④ 车速表检验台电气系统应预热。

尤其要注意的是检测前确认轮胎花纹及安装轮中间有无夹杂异物，防止异物飞溅造成安全事故。轮胎气压不符合规定的气压值时应进行修正，防止损坏车辆和造成检测误差。

2. 检验方法

采用车速表检验台检验的方法如下：

① 将被检车辆驱动轮置于车速表检验台滚筒上；

② 降下举升器，启动被检车辆，当车速表稳定指示 40km/h 时，测取实际车速；

③ 对于无法利用台架检验车速表指示误差的车辆，可采用便携式制动性能检测仪或同类仪器设备检验。

检测过程中禁止升起车速表检验台举升器。检验结束后，应使车速自由下降或轻微缓踩制动踏板，使滚筒停止转动，滚筒停止转动后，锁止滚筒或升起举升器后再将车辆驶出检验台。

采用便携式制动性能检测仪时，按以下方法检验车速表示值误差：

① 在被检车辆上安装便携式制动性能检测仪；

② 启动被检车辆，将车速稳定在 40km/h 并踩下制动踏板；

③ 将便携式制动性能检测仪计算打印的制动初速度作为车速表 40km/h 对应的实际车速，计算两者差值。

采用同类仪器设备检验时，按其说明书进行操作。

三、车轮阻滞率检验方法

1.检验准备

制动检验台滚筒空载运转，使轴承、减速箱等旋转部件及润滑油充分预热。

在冷态下，滚筒反力式制动检验台的轴承、减速箱等旋转部件及润滑油脂形成的台架内阻较大，该阻力对于制动力检测影响较小，但对于车轮阻滞力检测影响较大。因此，车轮阻滞力检测前必须对制动检验台进行充分预热。

2.检验方法

① 测取被检车辆各轴的静态轮质量，并按规定换算为静态轴荷。对于多轴及并装轴车辆应采用复合式轴重仪测取被检轴的静态轮质量。

② 将被测轴的车轮置于制动台滚筒上，变速器为空挡，数据采集系统清零。

③ 启动制动台左、右滚筒的驱动电动机，2s后开始采样并保持至少5s的采样时间，测取采样过程中各车轮阻滞力的平均值。

5s的采样时间是为了保证采样期间轮胎能够在检验台上至少滚动一周。

④ 按上述②、③步骤依次检验各轴车轮的阻滞力。

⑤ 计算各车轮阻滞力的平均值与静态轴荷的比例（％）。

基于滚筒反力式制动检验台的副滚筒上母线与地面水平面存在高度差，对于多轴及并装轴车辆，计算车轮阻滞率时，静态轴荷按复合式轴重仪测取的静态轴荷计算。

车轮阻滞率的检验与制动检验同步进行，先检验同轴车轮阻滞率，再检验该轴的行车制动和驻车制动。相同的检验步骤可合并操作，但在车轮阻滞力检测完毕前，禁止提前踩制动踏板，以免影响检测结果。

不得采用平板式制动检验台检验车轮阻滞力。

四、喇叭声压级检验方法

① 将声级计置于被检车辆前2m处，传声器距地高1.2m，并指向被检车辆驾驶员位置。

② 调整声级计到A级计权和快挡位置。

③ 按响喇叭并保持发声3s以上，测取声压级。

第六章 道路运输车辆检验结果的判定与处理

第一节 检验项目设置

按照检验工艺和工位设置，在用道路运输车辆综合性能检验分为"人工检验"和"性能检验"。

一、人工检验项目

"人工检验"是以人工检查为主、仪器设备检测为辅的检验，"人工检验"分为"唯一性认定""故障信息诊断""外观检查""运行检查""底盘检查"5类101项，标记"★"的项目为关键项（计85项），标记"■"的项目为一般项（计16项）。

"人工检验"结果按相关说明在《道路运输车辆人工检验记录单》中填写。

1. 唯一性认定

（1）号牌和号码★

（2）车辆类型★

（3）品牌型号★

（4）车身颜色★

（5）发动机号★

（6）底盘号★

（7）VIN 号★

（8）挂车架号★

（9）外廓尺寸★

（10）车厢栏板高度★

（11）客车座（铺）位数★

2. 故障信息诊断

（12）发动机排放控制系统★

（13）制动防抱死装置★

（14）电动助力转向系统★

（15）其他与行车安全相关的故障信息★

3. 外观检查

（16）助力转向传动带★

（17）空气压缩机传动带/齿轮箱★

（18）燃料供给管路与部件★

（19）车轮及螺栓、螺母★

（20）轮胎胎面状况★

（21）轮胎花纹深度★

（22）同轴轮胎规格和花纹★

（23）轮胎速度级别★

（24）轮胎气压★

（25）翻新轮胎的使用★

（26）子午线轮胎★

（27）备用轮胎★

（28）前照灯与远、近光光束变换★

（29）转向灯★

（30）示廓灯★

（31）危险报警闪光灯★

（32）雾灯★

（33）反射器与侧标志灯★

（34）货车车身反光标识和尾部标志板★

（35）导线绝缘层、线束固定★

（36）电缆线及连接蓄电池接头、绝缘套★

（37）穿过金属孔时的绝缘护套★

（38）车门应急控制器★

（39）应急门★

（40）安全顶窗★

（41）应急窗开启★

（42）玻璃破碎装置★

（43）门、窗玻璃■

（44）客车车厢灯和门灯■

（45）车身与驾驶室■

（46）对称部位高度差★

（47）外部和内部尖锐凸起物★

（48）车身表面涂装■

（49）货车货厢、车门、栏板、底板和栏板锁止★

（50）驾驶室车窗玻璃附加物及镜面反光遮阳膜★

（51）后视镜和下视镜★

（52）防眩目装置★

（53）安全带★

（54）侧面防护装置★

（55）后部防护装置★

（56）保险杠 ■

（57）汽车列车牵引装置和安全锁止机构★

（58）固定集装箱箱体的锁止机构★

（59）安全架与隔离装置★

（60）灭火器材★

（61）警示牌★

（62）停车楔★

（63）危险货物排气管、隔热和熄灭火星装置★

（64）危险货物切断总电源和隔离电火花装置★

（65）危险货物导静电拖地带★

（66）危险货物运输车辆标志及标识★

（67）危险货物罐体检验合格证明或报告★

（68）气瓶、可移动罐（槽）紧固装置★

4. 运行检查

（69）启动性能 ■

（70）柴油发动机停机装置★

（71）发动机低、中、高速运转 ■

（72）制动报警装置★

（73）气压制动弹簧储能装置 ■

（74）制动踏板★

（75）驻车制动装置★

（76）方向盘最大自由转动量★

（77）离合器 ■

（78）变速器 ■

（79）传动件异响 ■

（80）指示器与仪表★

（81）卫星定位系统车载终端★

（82）前挡风玻璃刮水器★

（83）前挡风玻璃洗涤器 ■

（84）除雾、除霜装置★

5. 底盘检查

（85）发动机密封性 ■

（86）制动管路★

（87）制动泵（缸）及气（油）路★

（88）缓速器★

（89）储气筒★

（90）转向机构部件连接★

（91）转向机构部件技术状况★

（92）转向助力装置★

（93）车架★

(94) 车桥的可视裂纹及变形★

(95) 车桥密封性■

(96) 拉杆和导杆★

(97) 悬架弹性元件★

(98) 悬架部件连接★

(99) 减振器■

(100) 万向节与轴承★

(101) 排气管和消声器■

二、性能检验项目

"性能检验"是以仪器设备检测为主，人工检查为辅，且在检测线内进行的检验。

"性能检验"项目中，"车速表示值误差""前照灯光束垂直偏移"为"一般项"，"前照灯光束水平偏移"不参与评价，只作为数据参考，其他项目为"关键项"。

"性能检验"结果按相关要求在《道路运输车辆性能检验记录单》中填写。

1. 动力性

① 达标功率。

② 额定车速。

③ 加载力。

④ 稳定车速。

2. 燃料经济性

① 等速百公里油耗标准限值。

② 等速百公里油耗实测值。

3. 制动性

(1) 台架检验制动原始数据

包括各被测轴水平称重轮荷（左轮、右轮）或复合台称重轴荷或动态轮荷（左轮、右轮），各被测轴行车制动力（左轮、右轮）、各被测轴驻车制动力（左轮、右轮）。

(2) 台架检验制动整车性能

单车包括水平称重、整车制动率、驻车制动率。

汽车列车包括水平称重、牵引车整车制动率、挂车整车制动率、驻车制动率、制动协调时间、制动时序。

(3) 台架检验制动单轴性能

包括各被测轴轴制动率、制动不平衡率、过程差最大点（左轮、右轮）、车轮阻滞率（左轮、右轮）。

(4) 路试检验行车制动性能

包括制动初速度、MFDD、试车道宽度、制动稳定性、制动距离、汽车列车制动协调时间。

(5) 路试检验驻车制动性能

包括驻车坡度、不少于5min坡道驻车情况。

4. 排放性

（1）汽油车排放性

采用双怠速法检验包括高怠速 CO 值、高怠速 HC 值、低怠速 CO 值、低怠速 HC 值；采用稳态工况法检验包括 ASM 5025 工况 CO 值、ASM 5025 工况 HC 值、ASM 5025 工况 NO 值和 ASM 2540 工况 CO 值、ASM 2540 工况 HC 值、ASM 2540 工况 NO 值；采用简易瞬态工况法检验包括 CO 排放量、HC 排放量、NO 排放量、HC＋NO 排放量。

（2）柴油车排放性

采用自由加速法检验包括 3 次光吸收系数及其平均值；采用加载减速工况法检验包括 VelMaxHP 点光吸收系数、90％ VelMaxHP 点光吸收系数、80％ VelMaxHP 点光吸收系数以及实测最大轮边功率。

5. 悬架

包括前轴左悬架吸收率、右悬架吸收率和左右悬架吸收率差，后轴左悬架吸收率、右悬架吸收率和左右悬架吸收率差。

6. 前照灯

包括被测前照灯的近光灯高、远光灯高，远光光强，远光光束垂直偏移、远光光束水平偏移，近光光束垂直偏移、近光光束水平偏移。

7. 车速表

被测车轮在 40km/h 时的车速表示值。

8. 侧滑量

第一转向轮侧滑量、第二转向轮侧滑量。

9. 喇叭

喇叭声压级。

第二节　检验结果的判定与处理

一、检验结果的判定

综合性能检验结果的判定是根据"人工检验"和"性能检验"的结果，对占用道路运输车辆综合性能做出的总体评价，以合格和不合格表示。

人工检验项目及性能检验项目中，"关键项"的检验结果为合格且"一般项"的不合格项数不超过 6 项时，检验结果判定为合格。当有任一"关键项"的检验结果为不合格，或"一般项"的不合格项数多于 6 项时，检验结果判定为不合格。

当同一检验项目出现多个不合格结果时，不合格项目数记为 1 项，例如对于前照灯垂直照射方向，当左灯和右灯的垂直照射方向均不合格时，该项目的不合格项目数记为 1 项。

二、检验结果的处理

① 检验结果为合格但存在一般项不合格时，委托人应在"检验报告单"上签字确认。

对于不合格的项目，综合性能检验机构应告知委托人及时进行调修，确保车辆各项指标符合要求。

②　检验结果为不合格时，综合性能检验机构应告知委托人在规定的时间内进行调修并复检。调修和复检时间按照本地区道路运输主管部门的相关规定执行。

具备条件时，对于能立即排除的故障和缺陷可在场调修，比如，轮胎气压不符合要求、螺栓松动、前照灯光束照射位置不符合要求、灯泡不亮等。调修后进行复检确认。在场调修应有固定的场所，使车辆处于安全区域并设置标识，不在检测车间进行现场调修。

③　对以下不合格项进行复检时，应进行关联检验，避免调修项目与其他项目产生相互影响。

a. 对于装用压燃式发动机的车辆，动力性不合格时，调修后复检动力性、燃料经济性和排放性；燃料经济性不合格时，调修后复检燃料经济性和动力性；排放性不合格时，调修后复检排放性和动力性。

b. 轴制动率不合格时，调修后复检轴制动率、制动不平衡率和同轴车轮阻滞率，并重新计算整车制动率。

c. 驻车制动率不合格时，调修后复检驻车制动率。

d. 同轴车轮阻滞率不合格时，调修后复检该轴的车轮阻滞率、轴制动率、制动不平衡率，并重新计算整车制动率。

参 考 文 献

［1］ 仝晓平，刘元鹏.道路运输车辆综合性能检验与技术等级评定［M］.北京：人民交通出版社，2016.

［2］ 陈成法，安相璧.汽车检测设备与维修［M］.第3版.北京：北京理工大学出版社，2013.

［3］ GB 18565—2016.道路运输车辆综合性能要求和检验方法.

［4］ GB/T 17993—2017.汽车综合性能检验机构能力的通用要求.

［5］ GB 7258—2017.机动车运行安全技术条件.

［6］ GB 18285—2018.汽油车污染物排放限值及测量方法（双怠速法及简易工况法）.

［7］ GB 3847—2018.柴油车污染物排放限值及测量方法（自由加速法及加载减速法）.

［8］ 夏均忠.汽车综合性能检测［M］.北京：机械工业出版社，2011.